河南财经政法大学统计与大数据学院论丛

本书的出版得到河南省高等学校人文社会科学重点研究基地“河南教育统计研究中心”和刘定平教授“中原千人计划”专项的资助

中国中产阶层比重的测度及变迁研究

Research on the Proportion Measurement and Changes of China's Middle Class

张晓华 / 著

图书在版编目（CIP）数据

中国中产阶层比重的测度及变迁研究/张晓华著 .—北京：经济管理出版社，2020. 11

ISBN 978-7-5096-7571-7

Ⅰ. ①中… Ⅱ. ①张… Ⅲ. ①中等资产阶级—研究—中国 Ⅳ. ①D663. 6

中国版本图书馆 CIP 数据核字（2020）第 170017 号

组稿编辑：杨 雪
责任编辑：杨 雪 姜玉满
责任印制：黄章平
责任校对：王淑卿

出版发行：经济管理出版社
（北京市海淀区北蜂窝 8 号中雅大厦 A 座 11 层 100038）
网 址：www. E-mp. com. cn
电 话：（010）51915602
印 刷：唐山昊达印刷有限公司
经 销：新华书店
开 本：720mm×1000mm/16
印 张：12
字 数：173 千字
版 次：2021 年 5 月第 1 版 2021 年 5 月第 1 次印刷
书 号：ISBN 978-7-5096-7571-7
定 价：66. 00 元

序

近年来，中国经济一直保持高速增长，对世界经济增长的贡献率持续攀升。然而，在经济高速发展的过程中也出现了诸多问题，比如贫富差距两极分化、不公平等问题依然突出，从国家统计局发布的近15年数据中可以看出①，2003~2017年，中国的基尼系数一直在0.45~0.50徘徊，最高时即将突破0.5，最低时是2015年的0.462，依然超出国际警戒线0.40。2018年和2019年官方没有公布基尼系数的数据，根据一些学者的测算结果，2018年大都在0.46左右②。中国社会要成为一个可持续发展的、稳定的“橄榄形”现代社会，需要培育庞大的社会中间力量，这个中间力量即为中产阶层。

然而，对于中产阶层概念的界定，学术界一直没有统一的标准，如何估计中产阶层的分布、规模、变迁等都是当前研究的难点。经济学研究人员侧重从经济学角度进行参数的实证研究，如基尼系数、洛伦兹曲线、阿鲁瓦利亚指数等，或作综合评价。社会学研究人员的研究结果很有启发性，他们比较侧重于概念界定、定性分析，经常借助问卷调查进行分析；

① 中国新闻网：2000年以后因为富人收入不好估计，且全国统一的基尼系数有待于城乡住户调查的一体化，所以国家统计局不再每年公布基尼系数。之后在2018年《中国住户调查年鉴》上统计局公布了2003~2017年的基尼系数。

② 胡祖光（2019）在《基尼系数理论最佳值及其简易计算公式研究》中测算出2018年的基尼系数是0.455。武小龙（2019）在《用收入5等分计算基尼系数》中给出的2018年基尼系数是0.474。

还有一些学者从非参数、泛函数的角度研究中等收入群体的构成、现状、变迁、效应分解等，但基本都是基于单一的收入指标来做定量分析。假如能把经济学界和社会学界对中产阶层的界定统一起来，并从多元、多维角度出发定量去研究社会阶层的分布情况，进一步测算出中产阶层的分布、规模及变化规律等信息，就能清晰地描述当前中国中产阶层的发展状况。但是目前关于这方面的研究文献不多，一是缺乏微观个体数据，二是方法制约。所以本书尝试构建一套较为完整的衡量中产阶层的指标体系，并从现代非参数统计方法中的一维度核密度函数出发，延伸到多维度联合核密度函数来定量研究中产阶层的比重，并对中产阶层主观阶层认同的影响因素进行分析，同时引入函数型数据方法来研究中产阶层的变迁，采用的方法和研究结论值得商榷。

多指标判定中产阶层是本书的一个显著特点，虽然多指标衡量中产阶层在国内外都有先例，但其指标构建尚不全面且定量分析缺乏。突出非参数统计中的多维度核密度函数计算中产阶层比重的测度方法也是本书的显著特色，由于数据缺乏、指标的相关性及时间维度的不统一性等原因，在实证部分仅以一维度和二维度为例对中国中产阶层的比重进行了实证测算，方法尚新，但多维度模型实证还有待验证。除此之外，引入函数型数据方法分析收入、消费两个主要维度界定的边缘中产阶层的变迁也是本书的一个新想法。这三部分内容既是本书的研究重点、难点，也体现了本书的主要创新点。采用最新的我国居民个人和家庭微观 CGSS 数据验证本书提出的方法测算中产阶层的比重，选用国家七分组和五分组数据结合本书选用的函数型数据方法研究中产阶层的变迁，这两部分构成本书理论与实际相结合的特点。

《中国中产阶层比重的测度及变迁研究》的出版是笔者在攻读博士期间研究的方向，该书倾注了我的导师纪宏教授的大量心血。首先，要感谢我的恩师，他创新的思维方式、渊博的知识、严谨的治学态度、幽默风趣的理念让我感受到了统计学的魅力，使我受益终生。其次，感谢河南财经政法大学的领导和老师们对我生活和工作上的帮助，尤其是统计与大数据学院的同仁们，特别感谢刘定平院长的鼎力支持。再次，感谢所有曾经给予我帮助的同学、朋友，感谢经济管理出版社的编辑们。最后，感谢我的母亲、爱人、妹妹、儿子和女儿的理解、支持和倾心关怀，使我有时间和精力完成本书的写作。

由于笔者水平有限，加之编写时间仓促，所以书中疏漏与不足之处在所难免，恳请广大读者批评指正。

张晓华

2020 年 7 月于河南财经政法大学统计与大数据学院

前言

近年来，中国经济一直保持高速增长，对世界经济增长的贡献率持续攀升。然而，在经济高速发展的过程中也出现了诸多问题，比如贫富差距两极分化、不公平等问题依然突出，而两级分化和不公平势必会造成社会中间阶层的削弱，进而产生社会动荡和不稳定。中国社会要成为一个可持续发展的、稳定的“橄榄形”现代社会，需要培育庞大的社会中间力量，这个中间力量即中产阶层，其所处的地位更像是社会顶层与社会底层间矛盾的缓冲体，是现代社会走向稳定的基石，在维持社会结构合理化发展、社会公平化发展等方面的地位举足轻重。

然而，中国中产阶层到底是一个怎样的群体？其规模有多大？发展现状到底如何？变化规律怎样等一系列问题都值得研究。之前的国内外学者从自己研究问题的角度出发对中产阶层已经有了比较全面、深入的研究，经济学界常从单一的收入等指标入手，社会学界常辅助问卷调查数据从多指标入手研究中产阶层。本书将在前人研究的基础上综合宏观、微观层面的数据，从多个指标即多个维度上对中国中产阶层的现状进行描述性统计分析，并基于现代非参数联合核密度函数的方法测度多个维度确定的中产阶层的比重，同时对中产阶层主观认同度的影响因素进行分析，最后将函数性数据分析方法引入中产阶层的变迁趋势之中，进而找出中产阶层发展的规律，对于完善中产阶层研究，稳定社会、实现共同富裕、全面建成小康社会具有重要的意义。

本书的结构安排和主要内容由以下几部分组成：

第一部分是第一章导论，主要提出本书的选题背景和选题意义，对国内外的研究文献进行综合评述，并说明研究目的和研究方法、研究框架和研究内容以及创新与不足。

第二部分是第二章，研究中产阶层的理论基础和概念界定，这部分是研究中产阶层的理论基础和概念界定，多个指标的构建和识别标准以及对本书所采用的数据进行说明，力求为后面的章节打下坚实的基础。

第三部分是第三章到第七章的数据研究部分。这一部分主要是从宏观层面和微观层面的数据对我国中产阶层的现状、比重的测度以及变迁规律进行统计研究。第三章选用描述统计的方法对各指标构建的边缘中产阶层和综合指标构建的核心中产阶层的现状进行描述。第四章采用现代非参数统计方法中的多维度联合核密度函数给多个指标构建的中产阶层比重的测度提出了一种新方法，但鉴于数据的可获得性、指标的相关性及时间维度的不一致性等原因，在实证部分仅以一维度和两维度为例测算了中产阶层的比重。第五章从主观标准研究中产阶层主观认同度的影响因素，找到个人特性、经济地位、生活经历和制度认同等客观标准对主观的影响及相互作用。第六章是基于宏观层面的数据对主要指标构成的边缘中产阶层的变迁进行了分析，尤其是引入函数型数据的分析方法对其进行了量化研究。首先，将收入边缘中产阶层和消费边缘中产阶层进行函数的基展开研究其变化特点。其次，引入函数型主成分对收入和消费分别构成的边缘中产阶层进行变迁规律的研究。第七章是采用微观层面的 CGSS 数据对主要指标构成的边缘中产阶层进行趋势变化规律的分析，最后，对所有指标构成的核心中产阶层的变迁进行了研究。

第四部分是第八章总结与展望，根据前文的研究提出方法和实证性的结论，给出相应的建议，并对下一步研究进行展望。

目 录

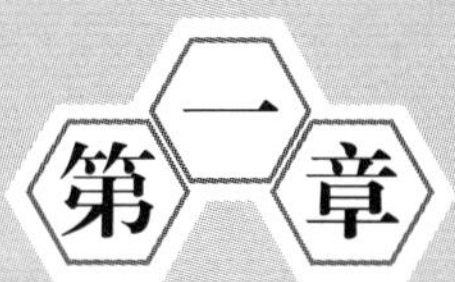

第一章 导论

第一节　选题背景及意义

一、选题背景

近年来，中国经济一直保持高速增长，国家统计局2020年初公布：2019年中国国内生产总值接近100万亿元，达到99.09万亿元，比2018年增长6.1%，明显高于全球经济增速，成为贡献最大的经济体，而单位国内生产总值能耗下降2.6%，经济发展的质量和效益明显提高。然而，在经济高速发展的过程中也出现了诸多问题，比如贫富两极分化、不平等问题依然突出，而两极分化和不平等势必会造成社会中间阶层的削弱，进而产生社会动荡和不稳定。从国家统计局发布的近15年数据可以看出①，2003年至2017年，中国的基尼系数一直在0.45~0.5徘徊，最高时即将破0.5，最低时是在2015年的0.462。2018年和2019年官方没有公布基尼系

① 中国新闻网：2000年以后因为富人收入不好估计，且全国统一的基尼系数有待于城乡住户调查的一体化，所以国家统计局不再每年公布基尼系数。之后在2018年《中国住户调查年鉴》上统计局公布了2003~2017年的基尼系数。

数的数据，根据一些学者的测算结果，2018 年大都在 0.46 左右[①]。从绝对值来看，基尼系数一直处于较高水平，全都超过了国际警戒线的 0.4。美国经济学家潘佐红认为[②]，“舒适、稳定、无忧、满足是中产阶级的必要特征，中国现在没有一个稳定的中产阶级，人群在急速向两极分化”。他同时还表示：“庞大的中产阶级也是支撑经济长期稳定发展的重要支柱，中产阶级充裕的收入和稳定的消费，也是所谓扩大内需的必要条件。”

中国社会要发展成为一个可持续发展的、稳定的“橄榄形”现代社会，需要培育庞大的社会中间力量。这个中间力量即中产阶层，其处于的地位更像是社会顶层与社会底层间矛盾的缓冲体，是现代社会走向稳定的基础，同时，中产阶层稳定的生活消费方式保证了社会庞大的消费市场的生存和发展。作为温和稳定且能够有效消费的重要群体，中产阶层在维持社会结构合理化发展、社会公平化发展等方面的地位举足轻重，所以，中产阶层所占社会比重越大，就越能凸显出国家发展稳定、社会安定和平。本书研究的中产阶层就是这样一个中间力量，它不同于西方的阶级说，也不仅仅是一个收入或财富分布的问题。当然，中产阶层在收入或财富上确实有可能处在全社会的中间水平，但这种结果不过是中产阶层客观社会地位的一种表现，而不是社会关系地位本身。

然而，对于中产阶层概念的界定，学术界一直有不同的标准，如何估计中产阶层的分布、规模、变迁等都是当前研究的难点。经济学研究人员侧重从经济学角度进行参数的实证研究，如基尼系数、洛伦兹曲线、阿鲁瓦利亚指数等，或做综合评价。社会学研究人员的研究结果很有启发性，他们比较侧重于概念界定、定性分析，经常借助问卷调查进行分析；还有些学者从非参数、泛函数的角度研究中等收入群体的构成、现状、变迁、效应分解等，但基本都是基于单一的收入指标来做定量分析。假如能把经

---

① 胡祖光（2019）在《基尼系数理论最佳值及其简易计算公式研究》中测算 2018 年基尼系数是 0.455。武小龙（2019）在《用收入 5 等分计算基尼系数》中给出的 2018 年基尼系数是 0.474。

② 2011 年 4 月，美国西康乃狄格州立大学经济学家、社会科学教授潘佐红对德国周刊《明镜》说的内容。

济学界和社会学界界定中产阶层的概念统一，并从多元、多个维度角度出发定量去研究社会阶层的分布情况，进一步测算出中产阶层的分布、规模及变化规律等信息，就能清晰地描述出当前中国中产阶层的发展状况。但是目前关于这方面的研究文献不多，一是缺乏微观个体数据，二是方法制约。所以本书尝试构建一套较为完整的衡量中产阶层的指标体系，并从现代非参数统计中的一维度核密度函数出发，延伸到多维度联合核密度函数来定量研究中产阶层的比重，同时引入函数型数据的方法来研究中产阶层的变迁，采用的方法和研究结论值得商榷。

二、选题意义

1. 研究中产阶层问题的意义

研究中产阶层对于中国的经济发展、社会稳定和文化进步等方面都有重要的理论和现实意义。中产阶层的理论能够发展和丰富马克思阶级理论，符合邓小平“允许一部分人先富，从而实现共同富裕”的市场经济理论，能够协调推进习近平总书记的四个全面之一的“全面建成小康社会”理论。同时，中产阶层理论还是新时代结合新情况做出创新和发展的理论，其与时俱进的思想有助于淡化阶级斗争的意识，以更加深刻的想法对待中国当前的社会阶层结构。此外，中产阶层理论还具有较强的现实意义和实践性，可为中国的社会稳定、经济发展和社会决策提供科学的依据。

（1）中产阶层是构建社会主义和谐社会的中坚力量，是“橄榄形”社会形成的基础，对于稳定社会秩序极其重要。

国家的社会和谐，主要是由社会阶层结构的和谐决定的，而中产阶层的和谐又是社会阶层结构和谐的关键。人类社会出现过多种社会阶层结构，有“金字塔形”（“蜡烛台形”“洋葱头形”）“矩形”“M 形”（“杠铃形”“哑铃形”）“倒丁字形”“橄榄形”等，但只有“两头小、中间大”的“橄榄形”社会阶层结构才是社会和谐稳定的阶层结构，在这种稳定的社会结构中，上层和下层人数占少数，中产阶层占多数，其庞大的人数使其成为稳定的社会中流砥柱。因此，壮大中产阶层的规模势必成为迫切的需要。

(2) 中产阶层是经济快速增长和拉动消费的根本。

中产阶层群体是社会消费的“领头羊”、主力军，是最主要的消费群体，他引领着其他阶层的消费倾向，对生产起到指引作用，其生活方式保证了中国庞大的消费市场，是社会稳定的经济原因。当中产阶层人数占据多数时，其消费、生活方式就促进了消费市场，反之，就会造成消费市场的萎靡，产生一个不稳定的社会。此外，中产阶层对供给和需求有双重作用，一方面是企业现实的生产力，促进总供给的增加，另一方面又扩大内需，拉动需求，平衡了总供给，实现经济持续、稳定、更高速的健康发展。然而近年来，中产阶层对教育、住房、医疗、养老等方面的忧虑和对整个社会保障制度变迁的担忧，也直接导致了其在当前社会中普遍缺乏安全保障感的心态。当然，2000 年后，消费市场也开始有所好转，基本意味着中产阶层的阵痛大体已过，中产阶层地位正在回升。

(3) 中产阶层是改善贫富差距、两极分化的“中流砥柱”。

中产阶层的比例越高，其调节社会的功能就越强，贫富差距就会越小。一个健全的社会结构必然是“两头小、中间大”的“橄榄形”格局，即中间阶层占最大比例，上层和下层比例都很小。当前，经济的快速发展使得财富随之加快积累，我们一定要避免迅速出现一个高收入群体，因为这会严重导致贫富差距的扩大，成为社会发展的一个危机，只有加大中产阶层群体的规模，才能缩小贫富差距，保证更加稳定的社会。因此，在一个社会中，只有中间阶层比例越来越大时，社会结构才会越来越合理，越来越健全，趋于合理化。而且，“消灭两极分化，达到共同富裕”的最终目标也是要实现中产阶层人群的壮大，该人群的扩大势必会缩小贫富差距。

(4) 中产阶层是全面建成小康社会的重要战略考量。

一些学者认为，在中国，发展中产阶层与全面建成小康社会之间有着密切的关系，新加坡中国问题专家郑永年认为“小康社会”就是有特色的

“中产社会”①。无论是国内还是国外学者都认为，中产阶层作为建成小康社会的主要群体已经刻不容缓，其对稳定社会的重要力量也早已达成共识，并且其规模的壮大对于社会民主、社会稳定都有重要的贡献。中产阶层最重视“理性”，而现代社会最重要的特征也是“理性”。很多西方国家和日本、韩国等亚洲国家都是中产社会，这种社会呈现出稳定的形态，究其原因莫过于中产阶层的崛起。反观一些拉美国家，中产阶层弱小，不仅社会、经济不稳定还出现了政治危机和失衡。因此，中国要想全面建成小康社会，首先需要的是一个中产社会，只有中产阶层普遍化，成为社会阶层的主流，才是一个国家转型的“润滑剂”。

2. 研究方法的意义

本书采用描述统计法、比较性研究方法、多学科综合的研究方法以及实证分析法（包含核密度函数、数值积分和函数型数据分析的方法）等对中产阶层进行了统计研究。描述统计法体现在对中产阶层现状的分析；比较性研究方法是通过对不同层面数据资料的中产阶层进行比较的分析方法，从而得到结论；多学科综合的研究方法是结合经济学、社会学、统计学等多学科对中产阶层的情况进行综合分析；实证分析法是根据本书提出的多指标构建的中产阶层，采取多维度角度估计中产阶层比重的方法，并以二维度为例测算中产阶层的比重。毫无疑问，这些工作是从一维度到多维度的一个进步。最后，引入泛函数分析里的函数型数据方法分析中产阶层的变化规律也具有重要的理论价值和现实意义。

第二节 国内外文献综述

本部分内容将对国外和国内学者研究中产阶层（中产阶级）的相关文

① 郑永年．“小康社会”，中国特色的“中产社会”［J］．党课，2015（9）：20-21.

献进行整理和归纳。其中，国外的研究文献主要是从中产阶级的概念界定、识别标准、比重与规模、现状及其变动研究以及规模变动的影响因素这五个方面分别进行评述；国内的研究文献主要是从我国中产阶层概念界定、识别标准和规模以及我国中等收入群体的测度和变迁这些方面分别进行评述。无论是国内还是国外学者，在经济学界，除部分研究者使用“阶层说”来研究中产阶层外，大多研究者均使用收入这个单一指标来衡量中产阶层。他们认为，收入水平是综合性指标，中产阶层具有相应收入的消费水平、生活方式、财产积累程度、拥有各种要素的能力，甚至思想观念，但这些都是派生的结果，并不是划分中产阶层的前提条件。

一、国外文献综述

1. 中产阶层（中产阶级）概念的界定

在国外，有一个群体被称为“Middle Class”，根据《牛津高阶英汉双解词典》中的解释，直译过来便是“中产阶级”“中等收入阶层”。按照刘长江的考证，在马克思的著作中，第一次对中产阶级进行定义的是恩格斯（刘长江，2006）。1842 年，恩格斯首先提出“中间等级的原则是保持现状”，之后又提出“中间等级是拥有相当收入但不富足的等级，是介于贵族（或资本家）和工人之间的一个等级”。1845 年，恩格斯在《英国工人阶级状况》中，又一次定义了中产阶级——“和贵族有区别的有产阶级。”马克思对“中产阶级”这个词语用过如下几种称呼，当然会有一定的翻译差别“中间阶级”“中等阶级”“中间阶层”“过渡阶级”“半资产阶级”“小资产阶级”和“中产阶级”（《马克思恩格斯全集》，1973）。总之，马克思和恩格斯对于中产阶级的界定大多指的是有产阶级或资产阶级，并没有把资产阶级排除在外。伴随着工业社会的兴起和资本主义社会的发展，中产阶级的队伍逐渐壮大，新马克思主义者们修正、完善和发展了马克思和恩格斯对于中产阶级的研究。其中，赖特的影响最大，他认为中间阶级是一个包括小雇主、小资产阶级、高级行政主管人员、专业技术人员、一般经理人员和基层监管人员等的一个“矛盾的阶级”群体，他们既不是资本家，也不是体力劳动者，既不剥削别人也不被任何人剥削（刘磊译，2006）。不管马克思、恩格斯还是其后继者，他们对中产阶级概念界定的唯一划分依据都是谁占有生产资料。然而，目前学者普遍认为他们对中产阶级的划分依据并不是始终把对生产资料的占有作为阶级划分的唯一标准，他们还注重共同利益和地位，并且中产阶级在“冲突论”观点中，始终是介于资产阶级与无产阶级之间不稳定的、不断向上层和下层分化的一个群体（魏爽，2013）。

韦伯主张社会分层涵盖经济、声望和权力三个维度，同时也应注重教育和技能的作用。他认为在有权和无权之间，存在着一种被称为“中产阶层”的群体，包括农民、手工业者、公共部门的官员、自由职业者和有一定教育程度和技术的工人（韦伯，1997）。韦伯是阶级划分的多元论者，他把中产阶级视为一个对社会结构具有稳定功能的主体力量。韦伯的后继者米尔斯认为中产阶级是“政治后卫”与“消费前卫”，且具有“稳定剂”或“缓冲器”的社会功能（米尔斯，1987）。埃米尔·涂尔干从社会整合和社会整体利益出发，强调职业在分层和阶级中的重要作用，他倾向于忽略不平等现象引发的利益冲突和各个阶层的利益诉求（涂尔干，2000）。在社会分层研究领域中一度占据主导地位的职业声望分层研究，实际上就暗含了埃米尔·涂尔干的思想。埃米尔·涂尔干的后继者戴维·格伦斯等提出的后涂尔干主义阶级理论已经得到当代社会分层研究者越来越多的认同（格伦斯，2005）。贝里等依据古典经济学的观点（经济学主要是根据经济指标，尤其是收入指标对中产阶层进行界定和相关的研究），认为中产阶层受供求双方的波动性决定了中产阶层化的周期经历时间长短不一，但每一轮中产阶层化的结束都是新一轮中产阶层化的开始（B. J. Berry，1985）。美国社会学家 Wright Mills 在《白领美国的中产阶级》一书中将白领定义为新中产阶级，其特点是从事行政管理工作和技术服务，没有固定资产，也没有财产分配权，不以资产者论之，靠知识和技术谋生，有较稳定且丰厚的月薪，与蓝领相比高出一个等级（米尔斯，1987）。

2. 中产阶层（中产阶级）的识别标准

在国外，大多数国家对中产阶级的识别标准、构成等尚停留在定性的阶段。美国等一些发达国家，已经尝试采用包括一些数量指标的定量方法来研究中产阶层，但总体尚处于摸索阶段。而且各国标准不一，甚至一国多重标准，这也是目前中外研究都存在的问题（边燕杰，2016）。

爱德华（1943）提出以职业为标准来定义中产阶级，之后的美国社会学家赖特·米尔斯还列出了一个美国中产阶级职业构成（米尔斯，1987），此后以职业为标准就成为世界各国研究者界定中产阶层的重要方法之一。美国统计学家和社会学家邓肯（1961）提出经济地位量表的方法来确立中产阶级，即采用教育地位、收入地位和职业地位三个指标综合成一个衡量经济地位的得分指标，从而测算人的地位。在主观认同方面，桑德士（1949）提出了自我评价法，即采用主观认同来确定自己是否属于中产阶级；华纳等（1947）研究者提出了运用公众声誉法探测社会阶层结构；诺斯和哈特（1946）通过职业声望测量法对职业声望进行了实证研究。马克斯·韦伯和华纳采用主观和客观的多个指标构成一个指标体系的综合判定法对中产阶层进行衡量界定。

美国经济学家约瑟夫·艾森豪威尔（2007）采用贫困线和净财富综合确定中产阶层，他将家庭年均收入小于贫困线的人群定义为下产阶层；将在资产不变的情况下，能够既不被雇用还能过上中产阶层生活的人群（即净资产超过贫困线/剔除通货膨胀因素后的长期无风险税后利息率）定义为上产阶层；介于上产阶层和下产阶层之间的群体称为中产阶层。最后确定中产阶层的下限为贫困线 20000 美元，上限为家庭净资产 100000 美元。

经济学家倾向于把收入作为划分中产阶层的首要标准，而且不同国家划分的标准也不尽相同。目前，国际上流行的以收入来划分中产阶层的方法主要有两种模式，一种是绝对标准模式，另一种是相对标准模式。绝对标准模式是设定一个能够维持相应生活水平所需要的收入标准来界定中等收入群体，其中被广泛采用的绝对标准模式整理后如表 1-1 所示。相对标准模式界定的中等收入群体的上下限是采用收入分布的中位数来确立的，即下限是收入中位数的50%或75%，上限是收入中位数的1.5倍或2倍。Thurow（1984）是采用收入中位数范围内75%到125%的群体作为中产阶级（Thurow，1984）。Blackburn和Bloom（1985）则是选用收入中位数范围内的60%到225%作为中产阶层的群体。

表1-1 世界上几个主要国家或机构对中产阶级标准的限定（依据收入划分）

国家或机构	指标	下限	上限	单位
世界银行	家庭年人均收入	14500	35000	元/人年
美国	家庭年人均收入	30000	100000	美元
印度	家庭年人均收入	700	3000	美元
日本	家庭年人均收入	44000	68000	美元
俄罗斯	家庭年人均收入	12000	25000	美元
韩国	家庭年人均收入	20000	36000	美元
法国	家庭年人均收入	14000	41000	欧元
英国	家庭年人均收入	25000	50000	英镑

资料来源：引自良弼的文章《各国中产阶级的划分标准》，根据西方各国学者和政府机构提供的中产阶层的收入标准归纳整理。

3. 中产阶层（中产阶级）的比重与规模

对于美国这个典型的中产阶级国家，不少学者都对其中产阶级的比重进行了阐述。斯基曼奇根据1980年美国政府界定的家庭年收入在17000~41000美元的标准划分出美国中产阶级家庭的数量约为44%（斯基曼奇，1983）；美国国情普查局根据家庭年收入在15000~35000美元（1982年标准）定义出中产阶级，并将其进一步分为两种：小中产阶级和大中产阶级，小中产阶级收入界定标准是15000~24999美元（1982年标准），比重是23.6%；中产阶级收入标准是15000~35000美元（1982年标准），比重是16.9%（布·罗贝，1988）。

欧洲国家中产阶级的比重与规模也有相关学者对其进行了阐述。钱乘旦等（1999）在《世纪英国》一书中指出：英国约翰史蒂文森研究的数据显示，21 世纪初，中、上层与工人的比例为 1：3，其中上层所占的比例仅为 2%。历史学家亚瑟马威克研究的结果是，在 20 世纪 80 年代，英国社会上等阶级、中等阶级和下等阶级所占比例为 3：39：58；杨宜勇（2004）在他的调查报告中提到：世界上中产阶级规模最庞大的国家之一是瑞典，其中产阶级占总人口比重的 55%，而且瑞典人自我认为中产阶级的比重高达 80%，北欧国家的人更倾向于把自己看成是中产阶级。德国中产阶级约占 50%，但其主观认同率很高，达到 75%。其穷人、中产阶级和富人在社会结构中的分布约为 4：5：1；俄罗斯学者阿·列佩欣弗（1998）给 20 世纪末月平均收入在 1000~10000 美元的俄罗斯家庭界定为中产阶层，并且进一步将家庭月平均收入在 5000~10000 美元的界定为中产阶层中的上层，家庭月平均收入在 2000~6000 美元的为中产阶层中的中层，家庭月平均收入在 1000~2500 美元的为中产阶层中的下层。

有很多学者对拉美国家中产阶级的规模进行了相关研究。刘金源在拉丁美洲研究中提到：2012 年世界银行发布的《经济活动和拉美中产阶级增长》报告，将人均日收入在 10~50 美元的人群界定为拉美地区中产阶级的标准，这部分人口占 30%，且中产阶级数量在 2003~2009 年从 1.03 亿人增加到 1.52 亿人，增加了 50%。报告还指出，巴西是拉美地区中产阶级规模增速最快的国家，占新增中产阶级的 40%，然而在 20 世纪末，由于社会各阶层收入分配不均状况的加剧造成中产阶层不但未能成长壮大反而逐渐萎缩甚至消失。但综合起来看，拉美地区的中产阶级数量与规模在近年来仍然持续增长，实现了质的飞跃（刘金源，2004）。

此外，有些学者对亚洲国家中产阶级的比重与规模也进行了相关研究。1975 年日本的“社会分层与社会流动全国调查”研究表明，日本战后经济快速发展，中产阶层人数增多，多数人认为自己处于社会中等水平，即在 1.2 亿人口中，日本“新中间层”占劳动人口的 34%（任强，2015）。据统计，1985 年日本资产阶级占 6.3%，新中产阶级占 29.3%，旧中产阶级占 24.5%，合计占 60.1%（萧新煌，1989）。

4. 中产阶层（中产阶级）的现状及变动研究

采用部分排序法来测度中产阶级的规模，结果认为在20世纪80年代中叶，美国中产阶级的规模呈现下降的趋势；另外，泰国、马来西亚、巴西和阿根廷在步入中等收入国家后都出现了经济长期停滞的局面，陷入了所谓的“中等收入陷阱”，导致这些国家中产阶级规模减小的情况（Foster and Wolfson，2009）；此外，Jenkis采取核密度估计的方法对英国20世纪90年代收入分布数据进行估计，得出：随着居民平均收入增加，不平等状况加剧，中等收入人群相应减少（Jenkis，1995）。

对于居民收入分布的变迁和演变，Quah（1993）考察收入分布的变迁特点是通过估计全球的收入分布来实施的；Aziz等（2001）采用核密度估计方法对1978~1997年中国部分省份的收入分布的概率密度函数进行了估计，得出：在居民收入分布变迁的过程中，收入分布不断右移，之后收入分布呈现出双峰分布发展的态势；Quah（1996，2002）、Jones（1997）、Kumar等（2002）、Bourguignon等（2002）、Roberto等（2006）、Sala-i-Martin（2006）认为，适合研究收入分布的单元应该是个人而不是国家，并分别研究了各自国家的收入分布演变趋势；Riccardo Massari等（2009）采用相对分布法研究中等收入群体比重的变动情况；Foster和Wolfson（1992）分析美国和加拿大中等收入群体时，没有采用常用的区间思想，而是引入随机占优，从一阶倒数、二阶倒数两极分化曲线进行研究。

5. 中产阶层规模变动的影响因素

研究影响中产阶层规模变动的学者有：Pressman（2006）认为，中产阶级规模的减少是由于人口、结构、微观经济和宏观经济方面以及公共政策的改变。Bhalla（2001）认为，创建有利于经济发展的环境，比如经济发展对减少贫困和扩大中等收入人群的比重有很重要的作用。Moser和Ichida（2001）、Dollar和Kraay（2002）、Dollar和Kraay（2003）也认为，扩大中等收入人群比重的一个重要因素是经济增长。Ferreira和Barros（1998）、Besley和Burgess（2000）、Ravallion（2001）以及Bourguignon

(2004) 都认为经济增长并不能解释收入差距的所有问题，因为经济增长、收入分配和贫困之间的关系复杂，收入分配政策也有很重要的作用。Beck等（2004）的研究结果表明经济增长的减贫效果只有在分配效应明显有利于穷人时才会显著。

二、国内文献综述

1. 中产阶层概念的界定

在国内，由于历史原因，我们对于“阶级”一词都不愿意多谈，我们更愿意称他们为“中产阶层”“中间阶层”“中等收入阶层”“中等收入群体”“中等收入人群”“中等收入者”等。但对各类术语的概念至今没有形成清晰的界定，甚至出现模糊化、换用术语名称等现象。

周晓虹（2005）认为当代中国的中产阶层也可以称为“杂领”，包括六类人，分别是1978年后新生的乡镇企业家和私营企业主，1978年后产生的小商贩、小业主等自营业者和个体户，国营企业的领导人、与党和国家机构有关的党政干部和知识分子，在外资企业工作的“外企白领”（包括中方管理阶层和高级员工），社会组织和企业的管理者，伴随着新行业的出现和高新技术的采用而出现的高收入群体；李强（2017）从阶级视角的角度，提出了“中产阶级四个集团”的观点：第一个集团是包括传统干部和知识分子的最典型的中产阶级，第二个集团是年龄居中、有高学历、有新的专业知识、就职于信息、证券、金融等高新技术领域的人群，第三个集团是效益较好的国有企业、股份制企业和其他类型单位中的职工层，第四个集团是个体、私营业主、中小企业经理等。

张宛丽（2002）强调中产阶级的异质性，她认为中国的中产阶级称为“中产阶层”更为妥当，即“以脑力劳动为主，靠工资及薪金谋生，具有一份较高收入、较好的工作环境以及相应的家庭消费能力，有一定的闲暇生活质量，对其劳动、工作对象拥有一定的支配权，具有公民公德意识及相应修养的社会地位分层群体”；李春玲（2003）认为，中国中产阶层是处在社会基本阶层之间的阶层，是现代社会的产物，尤其是发达工业社会的产物，该群体规模小，其特征尚在形成中。她从多元的角度来界定中产阶层，即职业中产、收入中产、消费中产和主观认同中产方面进行描述和分析；李路路（2007）认为，中产阶级是在社会资源占有上处于中间层的群体；刘欣（2008）主张把中产阶层的界定放在现代社会的整体阶层结构中来考虑；李培林和张翼（2008）认为，中产阶级具有“服务阶级”和“市民阶级”的特征，是工业化和城市化的产物，应该从收入、职业和教育三项指标来测量中产阶级。

陆学艺（2002）认为，中产阶层应该是符合以脑力劳动为主的职业，靠工资和薪金谋生，具有较高收入、较好工作环境以及相应的家庭消费能力，有一定的闲暇时间，对自己的劳动、工作对象拥有某种支配权，具有公德意识和相应修养的社会群体；苏海南（2003）认为，中等收入群体是在社会发展中不断变化的一个概念，而且有地域的区别，涉及收入水平、生活质量、个人文化素质、社会公益活动参与程度等方面；董汉松（2007）认为，中产阶层是在各方面都处在社会中间水平的一个群体，他们从事脑力劳动、收入稳定、受过较高的教育，整体素质较高，自我认知程度感强；陈义平（2005）认为，中国中产阶层是指社会成员按物质资本、社会资本和人力资本划分处于中间层次的社会群体，其核心是知识分子群体和社会管理者。

从经济学角度界定的中产阶层主要是以收入、财富或家庭财产为划分标准。虽然从综合指标来界定中产阶层更好，但学术界采用最多的仍然是收入这个指标。

2. 中产阶层的识别标准和规模

从职业角度定义的中产阶层的规模的相关文献有：李春玲（2003）根据《当代中国社会结构变迁研究》课题组的抽样调查数据测算出2001年职业中产阶层包括党政官员、企业经理人员、私营企业主、专业技术人员和办事人员这五类白领职业，其比例达到15.9%，如果加上个体工商户这种“老中产阶级”或“传统中产阶级”，职业中产的比例就达到了27%；

陆学艺（2010）根据十大阶层各占比例，2007 年提出中国的中产阶层占全国总人口的 15%，并以每年 1～1.2 个百分点的速度增长，所以现在中产阶层的比例应该已达到 22%～23%，并预测到 2020 年，中国中产阶层占总人口的比重将达到 33%甚至更大；李强（2017）根据国际职业表的内容，将国家机关，党群组织，企业、事业单位负责人，专业技术人员，办事人员和有关人员，商业、服务业人员的主体列为中间阶层，估计我国当前的中间阶层占全部有经济活动能力人口的不足 15%。

从经济学角度的收入、财产方面定义的中产阶层的规模的相关文献有：2005 年 1 月，国家统计局城调队的抽样数据结果显示："我国城市中等收入群体家庭（以家庭平均人口三口计算）收入在 6 万到 50 万元之间。"这个结论被媒体称为我国"中产阶层"首次清晰数字化的标志。之后，国家发改委宏观经济研究院课题组根据家庭年收入、家庭人均可支配收入、个人年收入三项指标，估算出我国中间阶层比重占全国总人口的 7%左右，主观认同率 35.9%；据国家统计局公布的《首次中国城市居民家庭财产调查总报告》，截至 2003 年 6 月底，我国城市家庭财产户均总值已达 22.83 万元，其中有 48.5%的被调查家庭财产在 15 万～30 万元，有 16.7%的被调查户家庭财产在 30 万元以上，有研究者提出，在现阶段以家庭财产 45 万元作为中产阶层的划分标准；肖文涛认为，根据我国目前城乡居民收入及金融资产占有情况，把人均年收入在 1 万～10 万元、户均金融资产在 3 万～10 万元的人口和家庭归为中产阶层，估算出的中产阶层比重约为 20%～25%（肖文涛，2001）；苏海南认为中等收入者的收入水平应该是在家庭储蓄和其他货币性资产 20 万元以上，个人年收入在 4 万～8 万元，家庭人均居住面积明显高于当地平均水平，且家庭恩格尔系数为 25%左右，得出当前我国中等收入群体所占比重大约为 18%（苏海南，2003）；萧新煌（1989）认为台湾地区中产阶层已达到 80.8%，其中，新中产阶层占比为 28%，这些人包括经理、专业人员、服务业及军公教人员等；此外，还有一些学者划定的以收入指标来划分中产阶层的标准以及测算的规模如表 1-2 所示。

表 1-2 各学者以收入划分的中产阶层的标准和规模

学者	所用指标	标准（万元）	规模及比重
刘福垣（2002）	人均年可支配收入	2.59~5.18	不超过 8%
荻煌（2002）	人均年收入	1~4	—
纪玉山（2005）	年人均 GDP	1.4~1.6	—
王开玉（2005）	家庭财产	15~30	截至 2003 年 6 月底为 48.5%，约两亿人
常兴华（2002）	人均可支配收入	1.5~3.75	—

资料来源：龙莹．极化背景下中等收入群体规模变动的统计研究［M］．北京：经济科学出版社，2012：47.

从消费角度定义的中产阶层的相关文献有：李培林和张翼（2008）率先从消费视角探索中产阶层，他们依据北京商情管理咨询有限责任公司 1999 年 3 月对重庆市的入户抽样调查数据进行研究；钟茂初等（2010）从消费方面依据恩格尔系数与生活水平的对应关系，并结合中国的消费支出特征，明确界定出中国中产阶层的上限和下限为 0.4~0.3，上产阶层为小于 0.3 的人群，下产阶层为大于 0.4 的人群，测算出 2003 年到 2007 年中国中产阶层的比重分别为 12.56%、14.28%、16.67%、19.51%、22.67%；陈序（2011）认为，在中国用家庭人均收入作为划分中产阶层的收入标准具有较大的风险性，原因有两点：一是不同中国人对家庭概念认识的内涵和外延都不统一，所以被问及家庭人口数的问题时，被调查者往往从自身的主观意愿出发，回答结果多种多样。二是中国人在回答自身和家庭成员年收入时的模糊和避讳，外加“财不露富”的心理作用和存在大量的隐性收入，使得收入水平的问卷调查数据会大大小于实际的收入水平。因此，其认为应从消费方面考虑中产阶层，又由于恩格尔系数受主、客观因素的影响较大，提出更强代表性和准确性的耐用消费品指数作为划分社会阶层的重要指标。

从多指标角度定义的中产阶层规模的相关文献有：中国社科院社会学研究所发布的《2004 年：中国社会形势分析和预测》中，提出判断中产阶层有职业、收入、消费及生活方式和主观认同四个标准，按照此标准测算中国大都市中产阶层的比例约在12%；李春玲（2016）从职业、收入、消费、主观认同四个方面对中间阶层进行了划分。以单项指标估计的职业中产、收入中产、消费中产和主观认同中产在人口中占有相当比例（适龄社会人口中，接近1/6的人是职业中产，接近1/4的人是收入中产，超过1/3的人是消费中间层，接近1/2的人是主观认同中产），但若以综合指标来定义，中产阶层人数则极少，只有4.1%的人符合通常意义上的现代中产阶层的标准，如果加上“老中产阶级”，那么中产阶层的比例也只达到7%。

3. 中产阶层的测度和变迁

关于中等收入群体比重的测算方法，较早的文献是采用基础指标反映收入不平等程度，比如基尼系数，后来发展到对收入不平等进行因素分解，所用的方法有夏普里值分解、菲尔兹分解等。近年来，主要是采用非参数和半参数方法，对收入分布进行核密度估计，并根据收入分布进行因素分解。

徐现祥和舒元（2004）采用核密度估计方法考察了1978~1998年中国各个省级区域的收入分布演进，发现收入分布逐渐从“单峰形状”演变为“双峰形状”；徐现祥和王海港（2008）从各省份收入分布入手，采用核密度估计的方法将其加总得到全国收入分布函数，发现中国收入分布右边平移并呈现出双峰分布，并分析了收入分布两极分化的原因，对我们研究全国收入分布变迁提供了依据；李国平和陈晓玲（2007）等利用核密度函数法估算了我国1978年以来的收入分布；周浩和邹薇（2008）利用收入分布动态法，运用核密度估计考察了1995~2004年中国城市居民收入分布的动态演进，发现城市居民的收入分布由1995年的“单峰”分布逐渐演变成2004年的“多峰”分布；纪宏和陈云（2009）提出了衡量中产阶层的相对标准和绝对标准，并基于现代非参数方法中的核密度估计方法，测算出中等收入者的比重，同时还构建了影响中等收入者比重变动的因素动态分解方法，对影响我国中等收入者比重变动进行了效应分解；朱长存

(2012)在对中等收入群体进行合理界定的基础上，采用非参数核密度的方法测算出城镇中产阶层的比重，并将影响城镇中等收入群体比重变动的因素分解为增长效应、分配效应和标准线变动三个方面；王薇（2013）从自适应核密度的角度对我国中等收入群体的收入分布进行模拟，并探讨中等收入群体收入分布的变化情况，同时，采用相对分布法，研究不同年份居民收入的相对变化情况，最后还从长期和短期两种角度分别对相对收入分布和不同收入群体所占比重的变化情况进行分析。

除此之外，罗楚亮（2010）根据 Esteban 和 Ray 等的认同框架及 Wolfson 的两极分化研究思路，分析了中国居民收入分布的极化现象、两极分化问题以及中等收入群体比重变动的影响因素；穆月英等（2010）通过固定效应模型对我国城乡居民收入分配的成因和敛散性进行了研究，得出城乡间收入的敛散性不稳定，且农村居民人力资本水平对收入分配影响最大；龙莹（2012）采用非参数方法对我国中等收入群体的比重进行测算，研究了中等收入群体的动态变迁，并计算出收入两极分化指数，结果表明：1988~2005 年，中国中等收入群体比重不断下降，两极分化程度不断提高，收入分配不平等程度加深，且长期来看，城镇内部两极分化的增速高于农村，高收入群体和低收入群体内部聚集程度的加深进一步加大了贫富差距；黄恒君（2012）从泛函数的角度出发，提出了位置—尺度分布族的近似构建方法，即在估计分布函数统一形式的基础上利用最小二乘法得到位置和尺度参数的估计，并以收入分布函数为例对 2000~2010 年中国城镇居民收入分布函数序列分布族进行了估计和预测；万定山（2005）运用微观计量的方法对 1988~1999 年中国城市居民收入分布的变动情况进行分解，分析了影响收入分布的原因。

三、文献评述

通过对国外相关文献的研究发现，国外一般没有将中产阶级、中间阶层和中产阶层等概念进行区分，在现代西方普遍使用 Middle Class。国内学者对“中产”概念进行界定时，基本的处理方式有两种，一种是回避对“中产”概念的明确界定；另一种是对“中产”做一个描述性的分类说明，缺乏对概念对象的本质属性进行凝练表述。但这些学者对“中产”与职业间密切关系的认定是清晰的，且大多以收入或消费指标来定义中产。本书认为概念的界定首先要服从研究者的目的，并且还要充分考虑概念赖以存在的基本理论基础和社会现实基础。此外，国内外学者对中产阶层构建的指标要么是从单一收入指标来界定，要么是从多维度社会学角度来界定，但对于其规模和变化规律的测算都是单一维度的测算方法或者是问卷调查采用的描述统计方法，定量从多个维度上去研究规模和变迁的文献极少。

本书选择研究的中产阶层，不同于西方最早提出的中产阶级，因为在西方理论中，中产阶级是一个阶级理念，其语境是资本主义社会。在中国，中产阶层在政治上被看作是社会稳定的基础，在经济上被看作是促进消费和内需的重要群体，在文化上被看作是承载现代文化的主体，是一批收入稳定、能推动内需、给整个社会带来稳定发展、积极向上动力的群体。即中产阶层是一个“稳定器”而不是有些学者提出的“颠覆器”，因为，中国中产阶层没有西方中产阶层的行为方式，客观来说，国内的中产阶层并没有西方国家中产阶层形成的政治和社会环境，当然也难有相应的行为方式。总的来说，若以一个指标来度量中产阶层，从某种角度上来讲是合理的，但中产阶层所特有的复杂性又显得一个指标是片面的和不全面的，因此，本书构建了较为全面的多指标体系来衡量中产阶层，并从多个变量、多维度角度出发来研究中产阶层比重的测度和变迁，同时考虑到数据的复杂性、获得数据的局限性、多个指标时间周期的不一致性、指标之间的相关性以及定量测度中产阶层的规模和变化时的难易性等原因，在实证部分采用一个维度和两个维度为例对中产阶层进行研究。

第三节　研究目的和研究方法

依据本书的研究背景和意义，本书主要研究目的是，构建一套较为完整的多指标衡量中产阶层的指标体系，对其现状进行描述性统计分析；采用现代非参数统计的方法，在假定社会阶层分布未知的情况下，从多指标定义中产阶层的角度出发，提出多维度联合核密度函数并借助数值积分法来测度中产阶层的比重，并且尝试用实际数据进行方法实现和实证分析；从主观视角研究影响中产阶层认同度的影响因素；从泛函数的角度出发，引入函数型数据的方法分析两个主要维度收入和消费构成的社会阶层的变化规律，尤其是中产阶层的变迁特点。具体包括：

第一，构建一套较为完整的多指标衡量中产阶层的指标体系，对其现状进行描述性统计分析。

第二，在假定社会阶层分布未知的情况下，从现代非参数角度出发构建多维度核密度函数，设定积分上下限对核密度函数进行数值积分测算中产阶层的比重。

第三，从多元线性回归模型和多元有序 Logistic 回归模型研究影响中产阶层认同度的因素。

第四，采用函数型数据的方法分析社会阶层的变化规律，尤其是中产阶层的变化特点。

第五，应用本书提出的测度方法和函数型数据分析方法，借助宏观层面和微观层面的调查数据，对当前多指标构成的中国中产阶层的比重进行估算，并对其变化规律进行研究。

本书首先采用经济统计中的指标构建法定义了一套较为全面的衡量中产阶层的指标体系。其次，采用现代非参数统计方法，提出了测算多指标中产阶层比重的方法，并将这些方法应用到中国中产阶层比重的实证分析中。再次，引入多元回归的方法研究中产阶层认同度的影响因素。最后，本书还引入函数型数据方法分析研究社会阶层的变化规律，进而研究中产阶层变化的特点。研究过程中理论与实践相结合、定性分析与定量分析相结合、静态分析与动态分析相结合，积极探索非参数统计方法在中产阶层比重方面的研究和函数型数据方法在社会阶层变迁方面的研究。具体用到的方法有：描述统计法、多维度联合密度函数估计法、多元线性回归法和有序多元 Logistic 回归法、函数型数据分析法。

第四节　研究框架和研究内容

一、研究框架

根据本书的选题背景、研究意义和文献综述，提出本书的研究框架，如图 1-1 所示。

二、研究内容

本书内容主要有以下八章：

第一章导论，主要提出本书的选题背景和选题意义，对国内外的研究现状和文献资料进行综合评述，并说明研究目的、方法和内容、框架以及创新点和不足。

第二章中产阶层的理论基础和概念界定，这部分主要是对我国中产阶层的理论基础进行阐述，并对本书所涉及的中产阶层的概念、指标的构建和识别标准、相关数据进行说明，力求为后文打下坚实基础。

第三章中产阶层现状的描述性统计分析，主要从宏观层面数据和微观

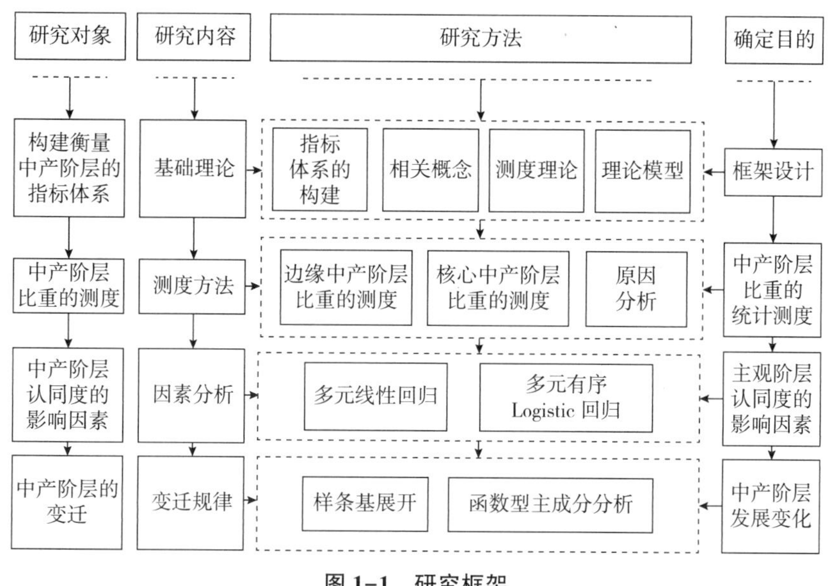

图 1-1 研究框架

层面数据对边缘中产阶层进行了描述统计分析，最后又从微观层面数据上对核心中产阶层进行了描述分析。

第四章基于非参数角度中产阶层比重的测度，这章内容是在假定社会阶层分布未知的情况下，从一维度、多维度定义的中产阶层角度出发，构建一维度核密度函数，再扩展到多维度联合核密度函数，然后界定中产阶层在一维度、多维度指标的上下限，用多重数值积分的方法求出中产阶层的比重，最后利用 CGSS 微观个体数据对我国中产阶层的规模进行了实证测算。

第五章居民主观阶层认同度及影响因素分析，这章内容主要是从主观认同度视角研究中产阶层群体并指出其影响因素。首先，分析居民主观阶层认同度的现状，尤其是主观认同为中产阶层群体的情况，其次，采用多元回归和有序多分类 Logistic 回归两种方法对居民主观认同度的影响因素进行分析，并比较结果的异同。

第六章基于宏观层面数据分析中产阶层的变迁，这章内容主要是从构成中产阶层的主要指标入手，即研究职业、收入、消费边缘中产阶层的变迁。首先，利用宏观层面数据分析了职业构成的边缘中产阶层的变迁状况。其次，引入函数型数据分析法将收入边缘中产阶层和消费边缘中产阶层进行函数的基展开研究其变化特点。最后，仍然采用函数型方法对收入和消费分别构成的边缘中产阶层提取主成分进行变迁规律的研究。

第七章基于微观层面分析中产阶层的变迁，采用微观 CGSS 数据对主要指标构成的边缘中产阶层进行趋势变化规律的分析，之后对所有指标构成的核心中产阶层的变迁进行了研究。

第八章总结与展望，结合前文得出的研究结论并提出相应的建议措施，对下一步研究进行展望。

第五节 创新与不足

建立多指标体系判定中产阶层是本书的一个显著特点，虽然多指标衡量中产阶层在国内外都有先例，但其指标构建尚不够全面且缺乏定量分析。突出非参数统计中多维度核密度函数计算中产阶层比重的测度方法也是本书的显著特色，由于数据缺乏指标的相关性及时间维度的不统一性等原因，在实证部分仅以一维度和二维度为例对中国中产阶层的比重进行了测算，方法尚新，但多维度模型实证还有待验证。除此之外，引入函数型数据方法分析收入、消费两个主要维度界定的边缘中产阶层的变迁也是本书的一个新想法，但由于国家统计局在 2013 年后统计的城乡分组数据与 2013 年前在调查范围、方法和口径上都不相同，且 2013 年后无法计算分组的恩格尔系数数据，所以此部分只用了 2013 年前的数据做函数型数据分析是本书的遗憾。这三部分内容既是本书的研究重点、难点，也体现了本书的主要创新点。采用最新的我国居民个人和家庭微观 CGSS 数据验证本书提出的方法测算中产阶层的比重，选用国家七分组和五分组数据结合本书选用的函数型数据方法研究中产阶层的变迁，这两部分构成本书理论与实际相结合的特点。

本书的最初目标是要用现代非参数统计构造多维度核密度函数的方法来测算出中产阶层的比重，从而深入分析中产阶层的规模，了解中产阶层群体的变动规律。然而由于多维度指标实证时牵涉到定性变量以及数据的缺乏，特别是最新数据的缺乏等原因，本书仅以一维度、二维度核密度函数为例结合微观 CGSS 数据对主要定量指标构成的中产阶层的比重进行了实证研究，这是本书的遗憾之处。尽管如此，从研究内容来看，本书从现有文献的一个维度核密度函数扩展到多维度核密度函数从而对中产阶层的比重进行测算，同时还将函数型数据方法引入中产阶层变迁中，在一定程度上具有参考价值和实际意义。

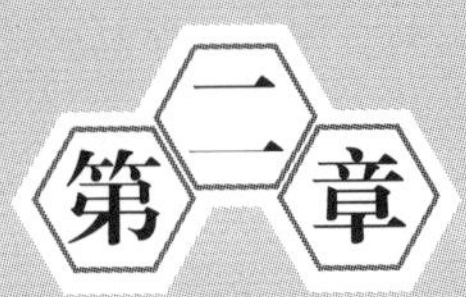

第二章 中产阶层的理论基础和概念界定

中产阶层作为“橄榄形”社会的中间力量，其发展壮大直接关系到整个社会的稳定。从经济学的角度来看，界定中产阶层的主要指标是收入，从社会学角度来研究中产阶层，界定标准是定性和定量多个指标共同决定，本书将经济学和社会学相结合提出多指标来界定中产阶层，同时，在多指标中区分主要指标和辅助指标，定量指标和定性指标。本章首先阐述研究中产阶层的理论基础，其次对中产阶层的概念进行了辨析，最后详细地构建了一套较为完整的多指标界定的中产阶层，并对数据的使用进行了相关说明。

第一节　研究中产阶层的理论基础

对于中产阶层的研究，需要以一些相关理论为基础，这些理论主要包括社会阶层的“结构化”与“碎片化”理论、分层形态的“中产化”与“断裂化”理论、“四个利益集团”的理论、共同富裕理论、公平与效率理论五个方面。下面分别对上述理论进行说明。

一、“结构化”与“碎片化”理论

社会分层变化的趋势有两种，一种是“结构化”，另一种是“碎片化”。“结构化”就是已经形成了一个大的趋势，在一定的经济发展条件下，形成了明确的阶层模型，比如我们都称教授、公务员和银行家就是结构化分层的结果。“碎片化”就是支离破碎地停留在各个阶层里面，比如小业主、摆地摊等就是碎片化分层的结果。“结构化”趋势是社会阶层正在形成，阶层间的地位差距逐渐拉大，阶层间的界限日渐明晰，下层人员向上层流动的机会减少。“碎片化”趋势则刚好相反，它意味着社会阶层间的流动机会增加，阶层现象逐步淡化，人们的身份地位渐进多元化、多样化，人们的地位只是影响人们行为和态度的诸多因素中的一个，而且日趋淡化，变得不再重要。当前，社会分层理论专家们争论的焦点是：中国社会是否出现了阶级或阶层？陆学艺等（2004）认为，中国社会正出现一个日趋稳定化的阶层结构，他们在经济、文化、组织权利等资源上的拥有量以及职业地位上存在显著差异。李强等（2017）则持相反的观点，认为中国的社会分化是多元、交叉的分化，呈现出“碎片化”的特点，并没有出现界限分明的阶级或阶层，只是形成了各种各样的利益群体。

近些年来，社会阶层“结构化”趋势逐渐明显，虽不一定存在明确的十个阶层，但阶层之间的距离在逐渐拉大，边界更明晰。同时，局部区域的“碎片化”和“个体化”现象依然存在，因此，社会阶层“结构化”是主流趋势，“碎片化”是支流。

二、“中产化”与“断裂化”理论

“中产化”与“断裂化”也是社会阶层结构变化的两种相反的态势。“中产化”观点是陆学艺等提出的，这种观点认为工业化和城市化的推进将导致白领职业数量增长，蓝领职业逐步减少，这一过程将促使越来越多人员的上升流动，最终使得社会中间层日益发展壮大，形成中产社会。“断裂化”观点认为社会分裂为相互隔绝、有巨大差异的两部分群体，两者矛盾爆发有可能产生社会冲突。两种理论争论的焦点是：社会阶层是走向“断裂化社会”还是走向中产阶层为主体的“中产社会”。

当前，随着中央对贫富差距等问题越来越关注，在“构建和谐社会”和“中国梦”等理念的引导下，中国采取一系列缓解社会矛盾、抑制不平等的政策，收入差距扩大趋势缓解，社会“断裂化”得以避免。“中产化”成为了社会阶层结构变迁的主流趋势，但是，中国要培养中产阶层占庞大群体的社会，还需要一个较长的过程。

三、“四个利益集团”理论

李强、沈原、孙立平提出“四个利益集团”理论①。根据改革以来人们利益获得和利益受损的状况，分为四个利益群体，即特殊获益者群体、普通获益者群体、利益相对受损群体和社会底层群体。改革的过程势必会造成一些集团或群体获得利益，同时，会使得另一些集团损失利益，当然“全赢”的局面也不是完全没可能，但要实现这种局面难度很大。党的十六大以来中央文件在分层问题上使用高、中、低收入者的概念，承认差异，与改革之前的试图消灭差异是不同的。中共十六届六中全会提出“扩大中等收入者比重是核心”，党的十六大报告也提出“扩大中等收入者在全社会的比例”，之后的中央在经济与社会发展的重要文件中坚持这一战略的核心思想，即优化阶级阶层结构、扩大社会中间层，使社会转变成“橄榄形”结构。

---

① 参见中国社会科学网转载的丁武在 2012 年中国改革论坛网发表的《转型时期我国社会分层结构探析》，http：//www. cssn. cn/ddzg/ddzg _ ldjs/ddzg _ sh/201310/t20131030 _ 767235. shtml?COLLCC = 1844334230&。

四、共同富裕理论

共同富裕从收入分配角度来讲，就是突出体现中等收入群体的比重，扩大中等收入群体对于一国经济持续稳定发展具有非常重要的意义，只有一部分人先富起来，让这部分人群带动其他人群，进而让大部分人群都进入中等收入人群，才能实现全社会共同富裕的目标。

中等收入群体是介于高收入和低收入群体之间的缓冲层，其比重的扩大是实行多种生产要素按贡献参与分配的重要步骤，也使社会生产力、企业之间的竞争力和经济效益进一步提高，从而创造出更多的财富，为实现最终共同富裕创造条件。和谐社会需要协调各阶层群体的比重，只有扩大中产阶层的比重，形成稳定的中产阶层，使越来越多的收入群体达到小康水平，实现社会共同富裕。共同富裕是“共同”和“富裕”两方面的有机统一，“共同”是相对于两极分化而言，“富裕”是相对于贫穷而言，两者分别体现了社会主义的本质和目标。所以，共同富裕是消除两极分化、消除贫穷上的普遍富裕，其实现途径是先富带后富而不是同步平均的富裕，只有允许鼓励一部分地区、一部分人群先发展和富裕起来，先发展和富裕起来的人群带动另一部分人群才能达到共同富裕。总之，实现共同富裕的办法就是让更多的低收入群体向上流动到中间阶层的队伍中，要提高大多数中低收入群体的收入水平，保持一个人数众多的中等收入群体。

五、公平与效率理论

公平与效率是经济社会追求的两大主要目标，两者之间的关系问题也是中国各种社会矛盾的集中体现，处理好两者之间的关系就需要缩小不同群体之间的收入差距、调节不同群体之间的矛盾。因此，现阶段的任务就是要把公平放到更加突出的位置，积极缩小居民收入差距，公平与效率理论就是十分重要的理论基础。

所谓公平，就是等量的贡献获得等量的报酬。但事实上，在市场经济条件下，付出与回报往往是不对等的，即使公平的竞争也可能产生不公平的结果，这可能是因为在竞争初期就不存在公平的竞争机会和竞争规则。所谓效率，是指从稀缺资源中得到尽可能多的东西。公平与效率理论大致可分为四类：效率优先、公平优先、公平与效率并重及公平与效率替代。效率优先是强调在经济活动中，市场机制起主导作用、政府干预为辅，讲效率放在优先的目标上。公平优先是让政府干预为主，市场机制由于其存在缺陷，只在一定程度上进行调节以解决分配不公问题，其认为公平最重要，但平均化的收入分配格局势必会导致劳动者积极性下降，降低社会经济效率。公平与效率并重认为两者同等重要，谁也不能取代谁，两者发生矛盾时，要根据具体情况，有时强调公平，有时强调效率。公平与效率替代论的观点却认为两者之间可以互相替代，两者不能同时实现，追求公平的同时一定会损失效率。究竟两者之间是可以替代还是可以兼得，经验证据都有研究。

第二节　中产阶层的概念

国外统一用“Middle Class”来研究中产，而国内将“Middle Class”这个词翻译过来有三大类“中产”“中间”“中等”。每一大类中又分化为不同的词汇，“中产”分为中产阶级、中产阶层；“中间”分为中间阶级、中间阶层；“中等”分为中等收入者、中等收入群体、中等收入阶层（余增威，2014）。从不同类别和各自分化的结果来看都是有些微区别的，国内学者在使用上述词汇时，通常是根据研究目的、方法、可取性等方面来选取，但无论从哪个词汇来考虑，都是指向我国社会的中间群体，并且所有上述类似的概念等同于西方的“中产阶级”概念。由于“阶级”在社会上容易引起政治误解，造成阶级矛盾，主张用较温和的“阶层”来区分社会等级（蔡静诚，2005），且中国是一个实行市场经济的社会主义国家，对中产阶层的研究不是强调阶级意识，而是分析市场经济条件下的中间阶层的群体（宋建，2015）。

一、中产阶层与中等收入群体概念辨析

党的十六大正式提出了“中等收入者”的概念，之后官方一直沿用“中等收入者”或“中等收入群体”这一说法（陈云，2009）。直观上理解，中等收入群体更倾向于从收入维度进行定义，而中产阶层更多的是从多指标、多维度来衡量。事实上，中等收入群体是经济发展到一定阶段的必然结果，是中产阶层的初级形态。中等收入群体的不断扩大，居民收入的不断积累，在市场经济条件下，将收入转化成财产、消费、受教育程度、社会认同度等其他指标，进而形成中产阶层，而中产阶层是保持社会稳定与和谐发展的中间力量。在经济学界，大多研究者都是采用收入来衡量社会中间群体，倾向于把“中等收入群体”作为研究的对象，即以收入多少为标准，划分出中等收入群体，当然，这部分群体必然具有相应的消费水平、生活方式，甚至思想观念等，但这些都是派生的结果，并不是划分中等收入群体的前提条件。具体来讲，中产阶层是满足一定职业、受教育程度、收入、消费、生活方式和主观认同的群体，他们拥有温和的政治态度，支持社会改革，在稳定社会的过程中起着积极的作用。

因此，两者界定的标准不完全相同，中等收入群体不一定是中产阶层，中产阶层很有可能包括中等收入群体，包括其比较重视的消费的质量，如住房、房主的职业、收入及受教育程度等。中等收入群体是一种初级形态，中产阶层可以看作是中等收入群体的成熟形态，中等收入群体表现出向中产阶层发展的趋势。对于一个国家来说，要产生一个稳定的中产阶层社会，势必要经历一个中等收入群体扩大的过程。

二、中产阶层概念的界定

中产阶层是研究社会分层中常常使用的概念，本书所研究的中产阶层实际上就是处于社会中间层的那部分群体，类似于中产阶级但又不是中产阶级，因为这里面有“阶级”这个带色彩的词语。然而，中产阶层含义的界定是一个较为复杂的问题，研究中产阶层需要根据研究者的侧重和自身学科的特点对这一概念进行理解与使用，所以迄今为止，学术界对于中产阶层的界定都没有一个统一的标准。传统观点认为，中产阶层是“白领”，即从事管理工作和专业技术的人员，实际上其上下边缘在现实中很难定义。经济学界倾向用单一的收入、财产、消费指标来定义，如王开玉和方金友（2006）认为，中产阶层是“在一定的时期地域内收入水平略高于当地平均水平且稳定在较宽裕水平的群体”。根据国家统计局公布的《首次中国城市居民家庭财产调查总报告》，其中有48.5%调查家庭财产在15万~30万元，16.7%调查家庭财产在30万元以上，因此，有研究者认为把家庭财产45万元作为中产阶层的划分标准（宏观经济研究院，2004）。从消费角度界定的中产阶层大多认定为恩格尔系数在0.4以下或0.3~0.4。社会学界多采用诸如职业、收入、消费、受教育程度、社会认同度等多个变量来界定中产阶层。在《当代中国社会阶层研究报告》中，中产阶层指“以从事脑力劳动为主，靠工资和薪金谋生，具有较高收入、较好工作环境、相应的家庭消费能力，有一定的闲暇时间，对劳动拥有一定的支配权的群体”。

学者们研究方向的差异，造成了中产阶层划分标准的不同，但是主要有以下几种：①以职业为标准，美国社会学家赖特·米尔斯作为西方学界的代表人物，开创了以职业界定美国中产阶层的先河，使以职业来界定中产阶层这一方法得到各国学者的认可；②以收入划分，在收入层面对家庭或个人进行明确界定，将社会中经济地位处于中间层次的人群划分为中产阶层；③以消费水平为标准，主要是根据恩格尔系数对家庭或个人消费水平的标准进行划分；④以多种综合指标为标准，依据主观、客观的多重指标构建出一个完整的评价指标体系，从不同角度度量界定中产阶层。比如消费水平、阶层认同、受教育年限、家庭财富、职业背景等，把位于社会中间水平的人群定义为中产阶层。他们大多从事脑力劳动或高技术要求的体力劳动，工作环境优越，有较高的家庭消费水平，且收入足够承担他们的旅游、住房（购房或租房）、养老、医疗、子女教育等花费。总而言之，他们位于社会的政治、经济和文化地位的中间位置。前两种使用单一指标，简单明了，易于界定，弊端是内部差异大。后一种则可以弥补这一缺陷，但源于指标的多重性和复杂性，计算实际水平时更为困难。一般而言，职业教育背景甚至价值观念，通常是社会学者和政治学者更为关注的品质，因为这些关系到中产群体对于社会事务的参与特性；收入财产以及消费则重在考察中产阶层的经济功能。

以上对于中国中产阶层的界定体现出了如下的特点：

（1）绝对性和相对性的特点。现有的文献大多是根据收入、消费、财产等结合具体的额度作为确定标准，这种界定方式是在具体调研的基础上对统计数据进行分析。其特点是在特定的时间内具有客观性，在应用时易于把握，但随着时间的推移和经济发展或退后引发的绝对数据的变化会失去适用性（柳新元等，2005）。中产阶层从最初的中等收入群体的概念发展到今天，并不是一个静止的概念，是现代化与社会结构变迁的产物，其具有相应的动态变化（王建平，2005）。在界定中产阶层时，有些学者就认为应采取开阔的视野，将其放在具体的时间空间下，设置成具有相对性的标准将会更加科学。

（2）回避阶级意识，显现客观性。在定义中产阶层时，大多观点都是采用一定的指标予以划分人群，从而达到对中产阶层的研究。无论是采用收入、职业指标还是采用消费、生活状态等指标展示的都是中产阶层的外观影响，并没有区分其作为一个阶层和其他阶层的实质性不同。阶级是人们在社会上由于所处地位不同和社会关系不同而分成的集团，其产生需要有剩余产品和私有制两个条件，这是由社会资源的生产资料区分的，多出现在资本主义社会。阶层是出身于不同阶级的人，由于具有相同的特征而形成的社会集团，其产生是由社会资源和社会机会决定的，侧重于自我认同，流动性大，多出现在社会主义社会。但当前国内外大多学者的观点是把中产阶级、中产阶层、中间阶层不做详细的区分，主要都以经济方面为衡量指标。

（3）更加关注中产阶层的本身。中产阶层的概念大多从中产阶层本身出发，忽略了其存在的重要背景，即社会在不断地发展变化这一重要条件，从而导致概念与背景没有很好的结合。中产阶层发展到今天，从初期的中产阶级、中等收入群体等概念，一直在不停地变化发展，社会具有的流动性，人们身份变化的可能性，人们在广泛的社会变化中辨识出自身和他人的不同，体会到自身所属的群体和其他群体存在的差异，中产阶层方可得以存在。任何社会，都有相对意义上的中产阶层，具有一定阶级意识的社会表达的前提是广泛的流动性。

（4）有强烈的现实感，理论构建不好实施。当前，学术界关注应用，关注社会的现实，力图通过数据界定、人群状态来描述中产阶层，导致其定义错综复杂，没有唯一的标准，边界之间无法厘清。对于中产阶层的概念、规模、变迁等结论也并不完全一样。究竟谁是中产阶层，中产阶层到底是什么样子，客观指标的界定，主观指标的展现，往往从某个指标界定的中产阶层的人们可能在另一种指标上又不满足，很多以客观标准比如收入界定的白领中产阶层只是穿着像白领的衣服而已……看上去是白领的人群，生活并不白领化，这是因为，实际生活中，高的房价就可以让很多白领的工资失去意义（乾羽，2010）。还有依据主观标准界定的中产阶层群体，有些认同自己是中产阶层的人们，他们之中的部分人是从社会底层跃起的新富阶层，他们用炫耀式的消费彰显其财力、能力与地位，呈现出不对应关系，依据“中产的样子”追溯的人群可能并非是中产阶层。倘若满足所有指标定义的中产阶层群体时，规模又尤其小，再加上数据的取得难以操作，往往造成中产阶层估算的困难。因此，是否能只构建指标理论不做现实分析值得商榷。

综上所述，无论在经济学界还是在社会学界，对中产阶层的定义实际上都是“元问题”抑或是“维度问题”，即究竟用几个指标去定义中产阶层，进一步地，由于采用各个“元”或“维度”的标准有主观性、客观性、动态性、稳定性、国内标准和国际标准等，不同学者的观点也不尽相同，因此很多研究都是基于不同角度、不同数据资料和不同标准对中产阶层进行了测算。本书正是基于此并结合前人的观点提出中国中产阶层是符合一定职业，具备大专以上文化程度，有一定的收入和消费的群体，自我认同度较高，其规模和构成直接决定了“橄榄形社会”的稳定，是个多维度的概念。而且作者认为把职业、收入、消费当作衡量中产阶层的主要指标，把其他指标当成辅助指标比较符合我国的国情，且在主要衡量中产阶层的三个指标中，定量指标是收入和消费，这两者之中收入指标又起到根本的决定性作用，收入的变动会引起消费相应的变动。本书将从不同角度，不同数据资料出发研究中产阶层，以多维度指标评判中产阶层为目的提出方法，但在实证时根据数据的复杂性、可获得性、多指标时间维度的统一性及指标的相关性等原因仅以一维度、二维度指标为例进行了中产阶层比重的测度，在研究中产阶层变迁规律时仅以一维度主要指标对中产阶层进行分析。借鉴李培林和张翼（2015）提出的识别中产阶级的标准，本书把符合所有指标的中产阶层人群定义为“核心中产阶层”，把只符合一个指标的中产阶层人群称为“边缘中产阶层”。

第三节　中产阶层指标的构建和识别标准

当前学术界就如何实现中产阶层的有效构建，展开了深入的讨论和分析，对此已经形成的普遍性共识在于，将受教育程度较高，收入、消费水平中等，家庭或个人资产中上，且具有一定消费理念的人群归入到中产阶层之中。然而，对于中产阶层的具体界定和划分还是一个相对比较困难的问题，当前我国经济体制正在不断的发展变化之中，且不同区域、城乡之间在经济、文化等方面也存在着较大差异，故此，应该结合我国的特殊国情来确定中产阶层的判断指标。本书根据几种主要的评价指标，对我国当前形势下中产阶层的划分进行了分析，以推动我国中产阶层指标建设的日益完善，即从职业、收入、消费、受教育程度、财产、主观阶层认同度这几方面探究当代中国中产阶层的构成情况。根据所选用数据的特点结合统计学方法对中产阶层进行“边缘中产阶层”和“核心中产阶层”两个概念上的统计分析。

一、指标构建的原则

1. 目的性原则

构建衡量中产阶层指标体系的目的在于全面、系统地考察和描述中国中产阶层是什么样的一个群体，他们的规模有多大，近年来这个群体的发展变化趋势是什么。由于中产阶层是处在社会中间的一个群体，是稳定社会和谐的一个群体，其发展直接影响了社会其他群体。然而衡量中产阶层仅靠一个指标是不行的，需要从多个指标去描述这个群体，因此，本书构建衡量中产阶层指标体系的目的是充分识别中国中产阶层这个群体的现状（吴振华，2015）。

2. 科学性原则

构架衡量中产阶层的指标要求依据科学原理，密切联系实际来确定指标的意义和统计口径。采用科学的方法和手段，确立的指标要有明确的定性和定量指标，指标体系需要较为客观和真实地反映所要研究的中产阶层的现状和发展变化，因此，必须以科学态度选取指标，把握科学发展规律，以便真实有效作出研究（宋长海，2017）。

3. 整体性原则

为了考察中产阶层的全貌，指标的选择要尽可能地全面，当然要用尽可能少的指标衡量中产阶层尽可能多的方面。实际选择时要先从衡量中产阶层的单一指标出发，过渡到多维度的综合指标，把各个部分、各个环节组合成有机整体最后综合来衡量中产阶层。

4. 静态性和动态性原则

静态性原则要求衡量中产阶层的指标能够在某一段时间内客观地反映中产阶层的情况。动态性原则是指构成中产阶层的指标标准不是一成不变的，这个标准会随着时间的推移而发生改变，新兴中产阶层的出现，新的时代特征的特点都决定了中产阶层的衡量指标要发生改变。

5. 定性指标和定量指标原则

衡量中产阶层的指标是多维度的，一个维度的指标在一定意义上也能说明中产阶层的情况，比如经济学中最常用的收入、财产指标，具有直观性、容易理解性的特点，而多维度的指标更能全面反映中产阶层的全貌。但这些指标中有的是定性指标，如职业、受教育程度、社会认同度等，还有些指标是定量指标，如收入、消费等指标，具有可比性、可测度性。定性指标和定量指标在统计分析中相辅相成，构建指标时，如果忽视了定性指标或定量指标中的一种都是不合适的。

6. 可操作性原则

可操作性原则要求衡量中产阶层的指标要科学合理，兼顾需要和可能，能够实际运作，需要考虑指标数据的可获取性和可行性，计算方法易于掌握，倘若指标面面俱到，实际上就会缺少重点，而且数据如果取不到，直接影响做统计分析的目的（彭张林等，2017）。

二、职业指标的构建

西方国家对职业的划分有三种类型：第一种是按照体力和脑力劳动的性质和层次进行分类，分为白领和蓝领；第二种是按照心理的个别差异进行分类，分为现实型、研究型、艺术型、社会型、企业型和常规型；第三种是按照各个职业的主要职责或从事的工作分类，分为两大类，即国际标准职业分类和加拿大《职业岗位分类词典》。其中，国际标准职业分类划分为四个层次，即 8 个大类、284 个细类、1506 个职业项目，共列出职业 1881 个。

我国职业分类主要有两种类型：第一种是根据国家统计局、国家标准总局、国务院人口普查办公室 1982 年 3 月公布的供人口普查使用的《职业分类标准》。第二种是按照国家发展计划委员会、国家经济委员会、国家统计局、国家标准局于 1984 年发布的《国民经济行业分类和代码》。《职业分类标准》是根据在业人口所从事的工作性质进行分类，将所有职业划分为大类、中类、小类三个层次，即 8 个大类、64 个中类、301 个小类。其中，8 个大类分别是：各类专业、技术人员（主要是脑力劳动者）；国家机关、党群组织、企事业单位的负责人（主要是脑力劳动者）；办事人员和有关人员（包括部分脑力劳动者和部分体力劳动者）；商业工作人员（主要是体力劳动者）；服务性工作人员（主要是体力劳动者）；农、林、牧、渔劳动者（主要是体力劳动者）；生产工作、运输工作和部分体力劳动者（主要是体力劳动者）；不便分类的其他劳动者。《国民经济行业分类和代码》是根据所从事的生产或其他社会经济活动的性质分为门类、大类、中类和小类。门类共 13 个：分别是农、林、牧、渔、水利业；工业；地质勘查和勘探业；建筑业；交通运输业、邮电通信业；商业、公共饮食业、物资供应和仓储业；房地产管理、公用事业、居民服务和咨询服务业；卫生、体育和社会福利事业；教育、文化艺术和广播电视业；科学研究和综合技术服务业；金融、保险业；国家机关、党政机关和社会团体；其他行业。这两种分类方法符合我国国情，具有实用性，符合我国的职业现状。

从社会上对中产阶层的普遍认识来看，确定一个人是否是中产阶层，最重要的指标就是职业。社会学家最早也是从职业角度切入研究中产阶层的，白领通常与中产阶层是同义语。但职业这个衡量中产阶层的重要指标也存在较多争议，比如究竟哪些职业是中产阶层，或者说即使同是国家机关工作人员，处长与一般办事人员显然难以相提并论。本书综合考虑其他学者的观点，结合现有数据的特点，参考我国常用职业分类标准定义，宏观层面数据方面选用国家机关，党群组织，企业、事业单位负责人，专业技术人员，办事人员和有关人员这三大类为职业中产。微观层面数据方面结合调查数据的信息将党政官员、企业和事业单位负责人，办事人员和专业技术人员这两大类归为职业中产。

三、收入指标的构建

职业是社会阶层分类的基础，但由于其存在的争议性，更多的人包括经济学家在内，倾向以收入作为中产阶层划分的唯一标准或主要标准。但即使大家都以经济收入为标准区分中产阶层，也仍旧有国际和国内标准，绝对和相对标准，不同地域的标准等，存在着众多的不确定性和定量上的混淆。收入标准的界定应考虑以下问题：

（1）中产阶层的收入标准既具有客观性，又具有主观性。客观上，其应以收入均值或中位数为中心的某个特定区间，这说明中产阶层收入标准具有客观性。但是收入中心左右的特定范围怎么确定，取决于不同时期、不同地域、不同经济状况等，其选择又会有主观性。有一点要注意的是，区间范围越大，中产阶层群体比重越大。

（2）中产阶层的收入标准有动态性和相对的稳定性（阮敬等，2018）。一般来说，收入水平是会随着经济发展而渐进变化的，因此其具有动态性，同时，为了不同时期中产阶层规模的比较，收入标准又要在一定时期内保持相对稳定性。

（3）中产阶层的收入标准应区别国内标准和国际标准。国际标准一般指在一定时期内国际上公认的中等收入水平，通常可采用世界平均水平或发达国家提出的收入标准，而不选择贫困国家指定的标准。对于一个特定的国家来说，中等收入的国际、国内标准之间可能会存在较大的差异。

近年来，国内对中产阶层的收入标准开展了很多研究，基于不同的数据、不同的角度对该标准进行了界定。党的十九大报告提出要扩大中等收入群体，2017年底中央经济工作会议指出，中国已形成了世界上人口最多的中等收入群体，无论按照哪种测算标准，中国收入中产已达到三亿人。按照世界银行的定义①，日收入10美元到50美元或100美元的人即为中产阶层，换算成人民币，即年收入是2.5万~25万元人民币。按卡内基国际和平基金会的标准稍高，大约为人均年收入31000美元。中国国家统计局将中产阶级定义为年收入在7250~62500美元（约合5万~42万元人民币），若单看此标准，一个普通工薪阶层每月只需存下2700元左右，十年后约32.75万元的存款就能达到收入中产阶层的最低门槛，显然这个中产阶层的界定在某些地区甚至大多地区都能实现。

参考国内有关部门的研究成果，考虑到本书所采用的统计方法以及数据的可获得性，本书认为以收入标准界定的中产阶层的划分必须遵循中等收入者全面性、差异性、动态性、客观性、可比性以及社会认同性的原则。根据以上内容选择人均可支配收入作为宏观层面来研究中产阶层，其标准就采用世界银行的标准2.5万~25万元的绝对标准为中产阶层。鉴于绝对指标是为了横向比较，但各学者定义收入界定的中产阶层的范围从2~100美元不等，跨度大且难重叠。若标准过高，比如50美元或更高100美元的情况，会导致一些国家或地区的高收入阶层被纳入，而另一些地区中等收入阶层比例过少，所以，微观层面CGSS数据则采用个人年总收入、家庭年总收入、家庭人均年总收入指标作为划分中等收入者的划分依据，且采用相对标准来界定，将数据的均值作为中产阶层收入的下限，数据的均值加上数据的三倍标准差作为中产阶层收入的上限。

四、消费指标的构建

有些学者认为②在中国单用收入作为划分中产阶层的指标不够稳定，

① 参见2017年12月新华网，http：//finance.sina.com.cn/roll/2017-12-23/doc-ifypxmsq9635749.shtml。

② 陈序在《商贸纵横》杂志里的文章《社会变迁影响下的中国中产阶层划分标准》提出的。

因为收入可能会受到概念界定的不统一、调查难度、地域收入消费水平的差异、经济周期等多种因素的影响。比如对家庭人口数的界定不统一，有以户口为基础、有以血缘关系为基础，还有以是否居住在一起为基础来统计家庭人口数。再比如调查难度上涉及的被调查者回答时的模糊和避讳，以及中国人“财不露富”的心理作用和大量的隐性收入等，使得收入水平的问卷调查数据会大大小于实际的收入水平。同时，由于中国的税收和财产申报等制度的不健全，地下经济和隐形收入的存在，使得收入数据可能存在一定的误差，为了避免上述问题的产生，本书选取的又一个指标是消费方面的指标。消费指标对划分中产阶层来说很重要，消费方式能够更加系统地体现出一个人的生活习惯及生活品质。中产阶层除了在财富、收入、地位等硬性指标上有体现，同时还是消费方式和生活理念的表达。据《中国消费趋势报告》的数据显示，未来五年中国消费市场将新增 2.3 万亿美元（约合人民币 14.9 万亿元），其中，中产阶层及富裕消费者将贡献 81%的消费增量。显然，消费是衡量中产阶层的另一项指标。然而，我国的中产阶层分布范围广，人群多样化，暂时还没有形成统一的消费习惯和消费模式。

1857 年，德国统计学家恩格尔依据自己对德国工人阶级生活状况的调查以及对英、法、德、比等国家工人家庭收入与支出的研究发现，随着人们收入的增加，其家庭用于购买生活必需品的支出占总收入的比重会下降，而非必需品方面的支出会随着收入的增加而增加。恩格尔的这个发现被称为恩格尔定律，反映这个定律的系数被称为恩格尔系数，其计算公式表示为：

恩格尔系数（%）= 食品支出总额/家庭或个人消费支出总额（100%）

一个国家或家庭生活越贫困，恩格尔系数就越大，反之，生活越富裕，恩格尔系数就越小。国际上常用恩格尔系数来衡量某个国家或地区人民生活水平。根据联合国提出的标准，恩格尔系数在 0.6 以上为贫困，在 0.5~0.6 为温饱，0.4~0.5 为小康，0.3~0.4 为相对富裕，0.2~0.3 为富足，0.2 以下为极其富裕。中国目前还处于社会转型的阶段，不能机械地照搬某一个标准，必须考虑到中国居民的一些生活习惯、社会经济制度和保障等因素，因此要对恩格尔系数进行修正以界定中产阶层的标准。钱茂初等认为对恩格尔系数的修正主要分城镇和农村，城镇居民要考虑住房、医疗、教育三大块，这三块内容的修正系数分别为5%、3%和2%，综合起来恩格尔系数修正系数为0.1。农村居民主要考虑教育和医疗，这两项修正系数分别为3%和7%，其综合恩格尔系数修正系数也为0.1。因此，国际标准的恩格尔系数都减去0.1，即可得到符合我国的恩格尔系数，且将中产阶层界定在0.3~0.4的小康水平。中国劳动学会副会长苏海南①认为，中等收入可界定为家庭有储蓄和其他货币性资产，人均居住面积高于全国平均水平，恩格尔系数在0.34~0.4，发达地区的标准可以稍高于此标准，欠发达地区的标准可以稍微低于此标准。综合以上学者的观点，本书选择恩格尔系数在0.3~0.4来筛选出消费中产阶层。

五、受教育程度指标的构建

中产阶层大多学历较高，接受过良好的现代教育，掌握较高的知识与技能，是一个国家创新的主要承担者。美国中产阶级发展的经验认为②，教育是个人获得中产阶级地位和中产阶级形成的关键因素。教育的发展为未来中产阶层的潜在人员提供了人力、社会和文化资本等多方面的支持。教育不仅影响到中产阶层的规模，而且对于中产阶层持续稳定的比重也起到巨大的作用，中产及以上阶层和子女受教育机会与弱势阶层子女受教育程度之间有明显差距，存在严重的不平等。教育的一个重要特征就是阶级性，其实质是社会的传承和筛选，即让什么人有机会占有社会的主流，当中产阶层占据社会主流时，稳定的社会才会持续下去。

李强、李春玲、张宛丽、周晓虹等也都认为教育是衡量中产阶层的一

① 参见 http：//bbs.classic023.com/thread-3560120-1-1。

② 参见《从北京高考状元采访谈中产阶级与高等教育的联系》，https：//zhuanlan.zhihu.com/p/27767840。

个辅助指标。教育程度与职业、地位是直接相关的，而且中产阶层不管是在高等教育的机会还是在高等教育的过程和结果方面都全方位地领先于弱势阶层[①]。一般认为，中产阶层需要具有大专或者是本科以上的教育水平。

六、财产指标的构建

按照瑞信 2015 年界定的以美国为基准，拥有 5 万~50 万美元（按 2015 年年中价格计算，约 32.75 万~327.53 万元人民币。5 万美元、50 万美元分别相当于美国的年收入的中位数和美国一个即将退休的人为自己准备的中位数工资养老金）净资产（包括市场估价的金融资产，如储蓄和股票等，以及非金融资产，如房产和土地）的成年人是中产阶层（龙玉琴，2015），若以购买力平价和汇率换算成人民币是 17.63 万~176.3 万元。根据此标准，2016 年中国的中产阶层达 1.09 亿人，占全国成年人口的 11%，绝对数位居世界第一。财富品质研究院[②]的统计数据称，截至 2016 年，中国净资产超过 100 万元的中产阶级超过 7000 万人，财富总量高达 30 万亿美元，位居世界首位。中国社会科学院社会学研究所 2018 年测算的结果是中产阶层家庭财产在 15 万~30 万元，此人群所占比重已达 15%（梁晓青，2018）。

在财产方面，目前中国民间最大的两个财富储存工具分别是银行存款和投资性房地产，本书鉴于数据的可获得性，在微观 CGSS 数据方面采用银行存款作为界定中产阶层的指标，并用住房面积加以辅助。像中产阶层收入界定的标准一样，仍以数据的均值作为中产阶层存款的下限，数据的三倍标准差作为中产阶层存款的上限。辅助指标住房面积则定为住房面积大于均值，小于均值加一倍标准差的社会适龄人口定义为家庭财产中产阶层。

① 参见《从北京高考状元采访谈中产阶级与高等教育的联系》，https://zhuanlan.zhihu.com/p/27767840。

② 参见 http://news.mydrivers.com/1/523/523417。

七、主观阶层认同指标的构建

中产阶层这一词汇对于一部分中国人来说还很陌生，通过以往的调查资料来看，被大多数人普遍接受的中产阶层往往具有良好的生活品质，令人尊敬的职业、高雅的生活品位，拥有专科及以上学历、英语水平良好的软性条件以及年薪较高、有房有车等硬性条件。如此之多的条件恰恰说明了中产阶层对于中国人来说概念模糊，且更像是一个高等阶层可望而不可即。此外，有研究认为，由于经济发展水平和收入分配状况的差距，一个人在社会上所处的客观经济地位与主观认同的社会经济地位并不完全一致，因此主观阶层认同是衡量中产阶层的又一个重要指标，而且是六个衡量中产阶层指标中唯一一个从主观心理感受方面反映的指标。中产阶层在中国近些年争论很大，对于中产阶层划分的统计问题，到底如何来衡量，从阶级理论角度来说，认同是非常重要的，如果不认同，那么这个阶层就不会存在。国际上的很多报告都认为中国中产阶层人数是全球第一，但很多时候我们不承认或感觉不是这样，所以我们是不是中产阶层是有争议的，因此，认同是衡量中产阶层的另一个概念。然而，关于认同的标准也是很难的，一是因为认识的原因或概念的翻译，“Middle Class”到底是中产阶级还是中产阶层，中产阶级强调有多少钱和财产，而中产阶层则强调“产”；二是意识形态的原因，中国不讲阶级，讲群体，阶级有剥削的含义，所以认同的是中等收入群体或中产阶层等。

综上所述，借鉴李春玲教授的主观认同标准，CGSS2013 年综合社会调查将自身阶层认同作为调查内容的一部分，将阶层划分为 1~10 级，以评估被调查者对于自身阶级认同度。我们将 6~10 级划分为主观意义上的中产阶层，虽然有悖于中产阶层“中间位置”的概念，但是这部分人认为他们处于中间或更高级的社会地位的思想与中产阶层较为类似。

综合上面中产阶层指标体系的构建和判定标准的内容，汇总结果如表 2-1 所示：

表 2-1　中产阶层的评价指标体系和判定标准

指标名称	具体指标及判定为中产阶层的标准	
	宏观层面	微观层面
职业（主要指标）	国家机关、党群组织、企业、事业单位负责人，专业技术人员，办事人员和有关人员	党政官员、企业和事业单位负责人、办事人员和专业技术人员
收入（主要指标）	人均可支配收入（2.5 万元，25 万元）	个人年总收入、家庭年总收入和家庭人均年总收入（均值，均值+3 倍标准差）
消费（主要指标）	恩格尔系数（0.3，0.4）	恩格尔系数（0.3，0.4）
受教育程度（辅助指标）	大专或本科以上	大专或本科以上
财产（辅助指标）	财富（10000 美元，100000 美元）	银行存款（均值，均值+3 倍标准差） 住房面积（均值，均值+1 倍标准差）
主观阶层认同度（辅助指标）	—	阶层认同度（6 级，10 级）

注：①微观层面数据衡量中产阶层的职业指标的判定标准是结合调查数据的信息和国家职业分类标准确立的。②考虑到数据的可获得性，财产在本书中也被认为是辅助指标。③收入、消费、职业指标属于主要指标，财产、受教育程度、主观阶层认同度属于辅助指标。在主要指标中，收入起着根本性的决定作用。

第四节　数据说明

本书的数据从宏观层面和微观层面来考虑。宏观层面数据包括两种，一是采用《中国统计年鉴》的数据，包括城镇、农村、七分组或五分组数据等。需要说明的是，在本书的第五章有关城镇七分组数据和农村五分组数据采用的是《中国统计年鉴》（2002~2012）的数据，这是因为从 2013 年起，国家统计局开展了城乡一体化住户收支与生活状况调查，2013 年及以后的收入、消费等数据来源于此项调查，与 2013 年前的分城镇和农村住户调查的调查范围、调查方法、指标口径有所不同，且2013年采用新口径的数据无法计算恩格尔系数。二是采用国务院2010年开展的第六次全国人口普查的部分资料，此次人口普查标准时点是11月1日零时。国务院2000年第五次全国人口普查的部分资料、国务院1990年第四次全国人口普查的部分资料、国务院1982年第三次全国人口普查的部分资料。

微观层面数据是采用CGSS已公布的最新数据2015年社会综合调查数据以及2013年、2010年社会综合调查数据作为本书描述统计的主体数据，之后采用2003年到2015年的数据对中产阶层的比重和变迁进行了分析。中国综合社会调查（Chinese General Social Survey，CGSS）始于2003年，是我国最早的全国性、综合性、连续性学术调查项目，由中国人民大学中国调查与数据中心负责执行，并在CGSS年度调查基础上，人大数据中心联合全国各省市区的40家大学及科研机构组成了中国社会调查网络（CSSN），开创了全国大规模调查的新模式。其中样本来源涵盖了全国北京、上海等四个直辖市，江苏省、福建省、四川省、河南省、内蒙古自治区、宁夏回族自治区、云南省等28个不同发达程度的省和自治区，125个县（区），500个街道（乡、镇），1000个居（村）民委员会、10000户家庭中的个人调查数据。调查内容包括职业、受教育程度、收入、消费（2015年和2010年调查数据独有）、家庭财产（2010年调查数据独有）、住房面积、自身认知等各个方面，可以合理作为当前中国中产阶层的构成及比例的数据支持。由于学生人口受自身职业、收入乃至消费行为的不确定性影响，很难作为划分中产阶层的有力依据。因此，本书选取CGSS综合社会调查中16~70岁的非学生群体这一部分具有统计分析价值的适龄社会人口的样本数据。有效问卷数分别为8250例（2015年）；9925例（2013年）；10243例（2012年）；4974例（2011年）；10510例（2010年）；5680例（2008年）；4907例（2006年）；9817例（2005年）；5731例（2003年）。

本章小结

本章阐述了研究中产阶层的理论基础，中产阶层的概念、指标的构建和识别标准以及本书所使用数据的说明。首先，研究中产阶层的理论基础是从社会阶层的“结构化”与“碎片化”理论、分层形态的“中产化”与“断裂化”理论、“四个利益集团”的理论、共同富裕理论、公平与效率理论五个方面进行阐述；其次，提出了多指标构建的中产阶层的概念，最后，对于各指标的解释、评价指标的标准及数据的使用也进行了相关的说明，对下文做进一步研究提出了依据。

第三章 中产阶层现状的描述性统计分析

回顾我国中产阶层的历程，在改革开放的初期阶段，即第一阶段主要是确定了发展市场经济体制的目标，开始由以往的计划经济体制发生转变，这就对公有制经济产生了较大的冲击，一些人开始独立出来开展经济活动，成立了较多的个体工商户，这部分人群也是我国最先富起来的一部分人员。改革开放的第二阶段，即深入发展阶段，此时市场经济体制正在日益完善，领导以及知识分子开始更多地参与到经济建设中，中产阶层的人员覆盖进一步扩大，即此时“白领”人员开始出现。伴随着经济发展的日益扩张的第三阶段，我国对外贸易、教育水平日益提升，中产阶层成为社会结构中占比重较大的部分。然而，就整体而言，跟国外相比，我国的中产阶层仍旧是处于初步发展阶段，整个体系建设并不成熟，而且人员构成也是相对比较单一的。整体特征如下：

第一，中产阶层整体数量少。2015 年，亚洲银行通过对亚洲地区关键指标的分析汇总提出了关于中产阶层的相关指标，明确了我国在中产阶层发展方面具有巨大的发展潜力，认为其潜在的规模应当是超过了八亿人次，并需要一些外力去激发这些潜在的中产阶层人口。中国社会科学院结合我国社会结构的发展历程，提出当前在我国的总人口构成中，中产阶层占比仅为 24%左右，还未达到全部人口的 1/4，即比重是整体偏低的，而且该值也只能是进行大概的估计，想要实现对该指标的有效估计也是相对比较困难的。究其原因是由于当前对于该指标的划分仍未达成统一的认识，依据的指标未能清晰明确，得到的统计结果也就整体存在差异。故此，我国的中产阶层总体占比是较小的，对于我国而言当前应当重点考虑的问题是如何实现现有中产阶层的有效扩张。

第二，中产阶层呈现出地域性的分布特征。我国在改革开放之后就确立了经济建设的发展中心，利用沿海地区具有的地理优势开展了一系列的对外开放政策，在对外开放方面取得了巨大的成就，沿海地区也获得了极为快速的发展，为中产阶层的发展和壮大提供了一定的基础，因此，中产阶层多数汇聚在沿海高速发展地带，如北上广等地区以及其他的一线城市，而在发展相对缓慢的地区，如西部地区则整体上中产阶层是相对较少的。总之，中产阶层的发展会受到经济发展的影响，一般如果该地区的经济越发达，则该地区的中产阶层相对占比就会越大，反之占比就会越小。故此，必须加快协调地区经济发展不均的基本现状，推动各地区经济的均衡发展，这对于社会稳定、经济发展将是极为有利的。

第三，中产阶层整体收入水平偏低。伴随着社会经济的飞速发展，经济结构的变化是十分明显的，中产阶层的存在已经得到了社会各界的关注和认可。当前，我国的中产阶层规模日益扩大，且其对于我国经济发展的重要作用也日益突出，但中国距离发达国家所谓的“后工业社会”提出的中产阶层应占到总人口数的80%这一目标还相去甚远。2015年，《全球财富报告》称中国中产阶级成年人所占比重仅为10.7%。中国国家统计局城调总队2005年在《中国城市中等收入群体探究》中发布的中国中等家庭年收入标准界定为6万~50万元，并推算2010年中产的比重会达到14%。然而，该收入指标仍是远低于国际指标的。故此，应当加强收入分配制度的建设和发展，通过推动整体收入水平的提高，不断扩大中产阶层规模。

第四，中产阶层具有超前的消费理念。中产阶层能够更加容易地接收和理解一些最新的发展理念，属于时代发展的领路人，能够对社会发展风向产生较大的影响，尤其是在社会时尚、生活质量以及消费等方面。当前中产阶层的消费内容主要体现在如下方面，即衣、食、住、行、用。一是服装，多数中产阶层的人是接受过较好的教育，而且其文化素养也是相对较高的，故此，此类人员是具有较好的衣着品位的，而且很多接受过西方教育的人员，更是具有独特的穿衣风格；二是饮食，该部分的消费在中产阶层中占比将近40%，尽管当前我国的中产阶层尚处在初步发展阶段，但在教育理念以及现代化信息的影响下，该阶层对于饮食是十分重视的；三是居住条件，一直以来居住问题都是关系到民生发展的基本问题，也是中产阶层所承担的主要负担。中产阶层在进行住房选择时，会综合考虑自身的收入水平以及住房本身的各项环境配备，如交通、住房舒适度等，然而，由于高房价以及巨大的还款压力，中产阶层也会在生活品质与经济压力之间进行权衡，因此，部分人员为了避免较高的压力而选择租房；四是出行，对于中产阶层而言，多数是具有自己的出行工具的，比如自驾，故此，该阶层的人群也构成了我国主要的汽车消费人群。

第一节 职业界定的边缘中产阶层

一、基于宏观层面数据对职业中产的描述

第六次人口普查资料数据显示：2010 年我国符合本书界定的国家机关，党群组织，企业、事业单位负责人，专业技术人员，办事人员和有关人员这三大类职业中产阶层的人数已经达到所有普查人数的 12.9%，受教育年限约为 13.4 年，并且集中于华东地区，聚集在北京、上海、天津、江苏、浙江、广东等经济发达地区，这与我国人口分布以及经济活动人口的地区分布有直接关系。这三大类构成职业中产的人群中，性别比例差异最大的是国家机关及其工作机构负责人，男女比例达到 388∶100。就业人员的行业分布也呈现出不同的特点，单位负责人集中在制造业、批发零售

业、公共管理和社会组织的行业中，专业技术人员行业分布在教育、制造业和卫生、社会保障福利业，办事人员主要分布在公共管理和社会组织。专业技术人员（以高学历和脑力劳动为特点的群体）在这三大类职业中产阶层中是主力军，主要分布在人口密集区域和东部沿海地区，年龄多集中在25~44岁，男女比例差异是96∶100，其受教育程度也最高，高中及以上学历的比重达到84%，超出全国水平60个百分点，大学及以上学历的比重也达到了61%。

二、基于微观层面数据对职业中产的描述

2015年CGSS社会综合调查中所获得的数据显示，被调查者一般认为当前中国职业中产阶层涵盖着这样几类人：国家干部（49.02%），任职于国有单位、集体企业（23.35%），金融方面人才，具有职称的教师、工程师及各类专业技术人才（21.67%）。综合前文界定的职业中产阶层范围，我们将CGSS数据中的党政官员、企业和事业单位负责人、办事人员和专业技术人员两类职业人群定义为当前中国的职业中产人群。各职业分类和数据如表3-1所示。

表3-1　各类职业在已就业社会适龄人口中的比重　　单位：%

职业	2015年	2013年	2010年
一、国家机关、党群组织、办事人员	5.48	13.16	8.65
二、专业技术人员	28.71	14.77	16.20
三、服务业	28.35	13.80	18.24
四、制造业	7.18	23.97	19.40
五、供应类	6.30	9.04	6.46
六、工程类	4.16	7.11	8.61
七、农业类	3.39	15.95	18.42
八、不便分类	16.43	2.20	4.02
职业中产（一、二项之和）	34.19	27.93	24.85

资料来源：2015年、2013年和2010年CGSS社会综合调查数据。

从表3-1来看，2015年国家机关、党群组织、办事人员等“国家公务员”（5.48%）和医生、教师、科研人员、金融方面人才等专业技术人员（28.71%）组成的职业中产的比重达到了34.19%，等于中国在职社会适龄人口的1/3，相较于2010年职业中产占比24.85%，有显著提升。其中，2015年职业中产中的专业技术人员比例达到28.71%，相较于2010年（16.20%）和2013年（14.77%）有大幅的提升，职业中产中的国家公务员比例下降到5.48%，比2013年（13.16%）和2010年（8.65%）比例都低。调查数据还显示，2015年男性职业中产所占的比重低于女性（男性，30.51%；女性，37.73%），这与2013年男性职业中产所占的比重略高于女性（男性，13.12%；女性，11.33%）有区别。年龄也大致分布在25~44岁（占比77.20%），主要集中在25~39岁（占比49.62%）。

在职业方面以白领阶层代替中产阶层分析被普遍认可。一般意义上的白领阶层，其雇佣关系应当是受雇于他人（有固定雇主），且具有一定的管理能力，处于管理层地位，经过统计这部分人2015年占比达到了16.8%（比2013年的15.7%多了1.1个百分点）。考虑到个体经营、家族企业这部分人群也满足社会大众位于中产阶层的定位，那么处于管理层的这部分人群的比重就占到了25.15%（比2013年的17.56%增多了将近8个百分点）。

此外，2015年CGSS数据显示：中国当前职业中产人群大多集中在城市，存在城市（占比27.35%）、镇（占比15.25%）、乡村（占比2.57%）递减的情况。相对来说，职业中产人群对于地域的敏感度呈现出两极分化的趋势，更多的职业中产人群集中在北京市、上海市等发达地区①（占比19.59%）和河南省、四川省等欠发达地区（占比21.50%），而安徽省、

① 参考李春玲院士在《当前中国中产阶层的构成及比例》中界定标准，将CGSS参与调查的28个省市依据经济发达情况及居民生活水平，大致划分为三类地区，发达地区、较发达地区和欠发达地区。发达地区包括北京市、天津市、上海市、重庆市、江苏省、浙江省；较发达地区包括安徽省、福建省、广东省、湖南省、湖北省、山东省、黑龙江省、河北省；欠发达地区包括甘肃省、广西壮族自治区、贵州省、吉林省、四川省、河南省、江西省、内蒙古自治区、辽宁省、宁夏回族自治区、青海省、山西省、陕西省、云南省。下文类同。

福建省等经济较发达地区的职业中产比重却明显降低（占比 16.51%）。发达地区经济形势好，就业机会广泛，城市建设先进，生活水平较高等特点吸引着大批优秀人才前往，其中也就不乏职业中产阶层人群，而较发达地区例如福建省、广东省又是低技术含量行业求职的热门省份，这一大批务工人群分布在各行各业，冲淡了职业中产在已就业的适龄社会人口中的比重。同样，反过来说，也正是务工人员外流这个原因导致了欠发达地区城市职业中产的比重相对较高。

第二节　收入界定的边缘中产阶层

近年来，国内外学者和机构对收入中产阶层的标准做了很多研究，并基于不同角度、不同数据等资料给出了我国收入中产的规模。

一、基于宏观层面数据对收入中产的描述

国家统计局发布的资料显示①，2013 年，我国中等收入者比重约为 24.03%，2016 年为 34.79%，2020 年上升到 45.01%，呈现快速增长态势。此外，按照世界银行制定的中产收入标准，即年收入在 2.5 万~25 万元人民币，根据《中国统计年鉴》（2019）界定的收入五等分分组数据可以看出，2018 年中等收入户的人均可支配收入是 23188.9 元，中等偏上户的人均可支配收入是 36471.4 元，高收入户人均可支配收入是 70639.5 元，按此数据可以得出，中高收入户和高收入户总共有 40%的人的平均收入都在世界银行制定的中产收入标准（2.5 万~25 万元）的下限之上，即 2018 年至少有 40%的人群是收入中产阶层。由于全国平均水平掩盖了城镇和农村

① 参见 2018 年 1 月新浪新闻，https：//news.sina.cn/2018-01-09/detail-ifyqinzt1159644.d.html？oid=5_to534&pos=3。

各自的特点，所以将全国分为城镇和农村来看，2018 年，城镇中等收入户的人均可支配收入是 35196. 1 元，城镇中等偏上户的人均可支配收入是 49173. 5 元，城镇高收入户人均可支配收入是 84907. 1 元，数据表明城镇中等以上户数总共有 60%的人的平均收入都在世界银行制定的中产收入标准的下限以上。然而，2018 年农村中等偏上户的人均可支配收入只有 18051. 5 元，农村高收入户人均可支配收入是 34042. 6 元，表明农村只有高收入户，即 20%的人的平均收入在世界银行的中产收入标准下限 2. 5 万元以上。

五等分数据是已经将人口分成每份 20%，再根据这些人口比重去研究每一组的收入数据，因此将这一数据做一技术处理，借助 2018 年全国中等收入户的人均可支配收入是 28228 元，可以得到中等收入户的上下界限分别是 18149. 8 元和 28228 元。具体方法是：通过均值求出每等级组人均可支配收入的上下限，即 2018 年全国居民人均可支配收入是 28228. 0 元，将该点视为中等收入户的上限和中等偏上户的下限，按照均值是上下限的平均数，就可以计算出中等收入的下限和中等偏上户的上限，再逐步向两边扩展，最终可以求出五等分分组的上下限。同理，可以同样的方法计算出城镇和农村各收入组的上下限，如表 3-2 所示。其中，2018 年城镇居民人均可支配收入 39251 元，农村居民人均可支配收入 14617 元。从表 3-2 计算结果来看，全国中等收入户中只有部分人口达到世界银行界定的收入中产的下限标准，因此，加上中等偏上户和高收入户的 40%人口，即有不到 60%的人口的平均收入在世界银行制定的中产收入标准（2. 5 万~25 万元）的下限之上。同样，城镇中等偏下户的收入下限是 18571. 8 元，上限是 31141. 2 元（超过了 2. 5 万元），相当于城镇中等偏下户里也有少部分人群满足收入中产的最低标准，即城镇有超过 60%的人群都达到世界银行的收入中产下限的标准以上，而农村高收入户的下限只有 21486 元，即不到 20%的人群能达到该标准下限以上。

表 3-2　2018 年人均可支配收入水平组限——人口比重　　单位：元

地区	均值组限	低收入户（20%）	中等偏下户（20%）	中等收入户（20%）	中等偏上户（20%）	高收入户（20%）
全国	均值	6440.5	14360.5	23188.9	36471.4	70639.5
	下限	2309.8	10571.2	18149.8	28228	44714.8
	上限	10571.2	18149.8	28228	44714.8	96564.2
城镇	均值	14386.9	24856.5	35196.1	49173.5	84907.1
	下限	10202	18571.8	31141.2	39251	59096
	上限	18571.8	31141.2	39251	59096	110718.2
农村	均值	3666.2	8508.5	12530.2	18051.5	34042.6
	下限	758.8	6573.6	10443.4	14617	21486
	上限	6573.6	10443.4	14617	21486	46599.2

资料来源：根据《中国统计年鉴》（2019）整理得到，且把五个户数比重近似当成是人口比重。

二、基于微观层面数据对收入中产的描述

从微观角度 CGSS 数据来看，收入中产的标准更适合用相对标准。美国著名经济学家加里·布特莱斯将中位数收入的 50%~200%作为划分中产阶层的主要依据，这一界定标准被普遍认可并广泛采用。然而根据中国社会科学院社会学研究所 CASS-CGSS 在 2015 年的综合社会调查数据整理出的 16~70 岁非学生人口年收入平均值和中位数值，并按照布特莱斯中产阶层收入中位数 50%~200%的界定标准，计算出中国中产阶层的年收入标准应为 10000~40000 元人民币，这相当于平均月收入 833~3333 元人民币的中国社会适龄人口都可以被称为收入中产阶层。对比中国当前的物价水平以及平均房价，布特莱斯对于中产阶层的界定标准显然是不适用的。表 3-3 是 CGSS 数据中年总收入统计表。

表 3-3　年总收入统计表

年份	收入数据	均值（元）	标准差（元）	中位数（元）
2015	个人年总收入	36579.87	178400.52	20000
	家庭年总收入	75258.05	240203.32	50000
	家庭人均年总收入	31422.86	146201.34	16666.67
2013	个人年总收入	25033.36	37808.53	18000.00
	家庭年总收入	58280.15	74838.86	40000.00
	家庭人均年总收入	21831.24	31244.06	14666.67
2010	个人年总收入	22119.26	94286.30	11170.90
	家庭年总收入	47760.60	118883.47	27927.26
	家庭人均年总收入	25802.10	67367.07	13963.63

资料来源：CGSS2015、CGSS2013 及 CGSS2010 调查数据，且这几年调查的数据是数据收集年份的前一年数据。

表 3-3 的数据显示，个人年总收入、家庭年总收入以及家庭人均年总收入三个指标中位数的值均小于其收入平均数，且差距较大。标准差的值也远大于收入平均数，说明这三个收入指标的收入分布右偏，且离散程度都很高，贫富差距大。根据表 3-3 中的数据绘制图 3-1 年收入分布图。

通过图 3-1 可以大致看出，在不考虑个人年总收入超过 15 万元的高收入群体时，中国社会的收入结构呈现出近似“橄榄形”（理想的财富分配结构，社会财富大多数被中间层次的人群所占有，也是最为稳定的社会构成形态）的趋势，社会适龄人口的年总收入主要集中在 1 万元到 15 万元（2014 年占比 62.29%，2012 年占比 58.94%，2009 年占比 54.94%），而无收入群体和低收入群体的占比相对来说就小得多了。相较于 2012 年数据，2014 年主要收入群体略向高收入方向偏移，低收入人群数量降低，社会收入结构更加匀称，2012 年相较于 2009 年数据图形也往右移，因此，整体收入水平右偏分布，且收入均值在增加。

总体来看，中国社会收入构成却更加倾向于底层巨大的“金字塔形”。高收入群体所占比重极小（未统计年收入超过 100 万元人群），却拥有着更多的财富。2014 年年总收入超过 15 万元的人数仅占全部有效样本数的

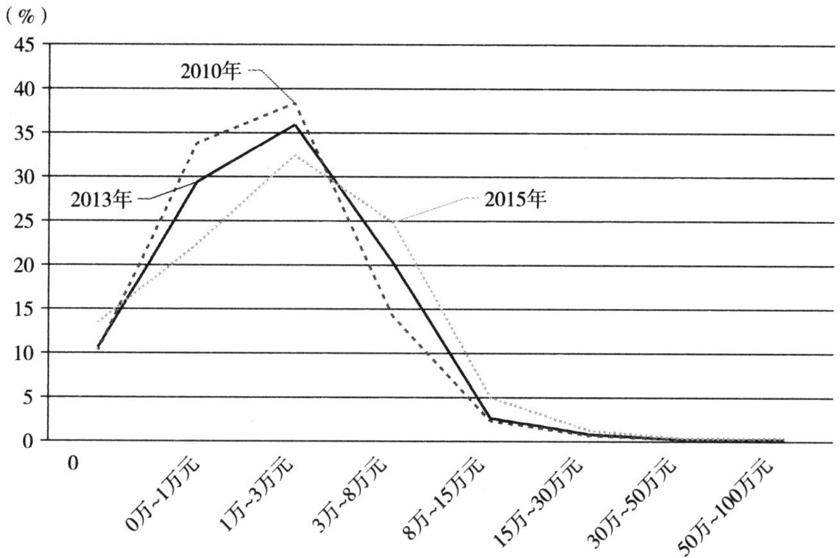

图 3-1　年总收入分布图

资料来源：CGSS2015、CGSS2013 及 CGSS2010 调查数据，分别对应 2014 年、2012 年和 2009 年个人年总收入数据（因为家庭年总收入和家庭人均年总收入这三条曲线和个人年总收入相似，所以只保留了个人年总收入数据的三条曲线）。

1.89%（2012 年为 1.33%），占有了 17.52%的社会财富（2012 年为占有 13.59%的社会财富）。如若继续考虑更高收入的群体（年收入超过 100 万元），其占据的社会财富数额将更加庞大。社会财富分配不均、贫富差距大以及中国复杂的金字塔结构意味着无论以家庭还是个人作为划分收入中产阶层的依据，都不能简单以中位数或是量化收入界定中国收入中产阶层。在这种情况下，均值作为中产阶层收入下限更具有代表性。通过多方比较，选择均值加三倍标准差作为收入指标界定中产阶层的收入上限。根据该标准计算 CGSS 数据收入中产比重，如表 3-4 所示。

表 3-4　收入中产比重表　　单位：%

年份	个人收入中产	家庭收入中产	家庭人均收入中产
2014	27.47	27.67	25.05
2012	32.27	34.49	30.78
2009	30.22	26.90	26.64

资料来源：CGSS2015、CGSS2013 及 CGSS2010 调查数据，且这几年调查的数据是数据收集年份的前一年数据。

由表 3-4 可以看出，相对于 2009 年，2012 年个人收入中产比重略微增加，家庭收入中产和人均收入中产比重增加明显。然而，2014 年，在个人收入中产、家庭收入中产和家庭人均收入中产上比重都是减少的。说明随着收入均值的右移，即收入的增加，由收入界定的边缘中产阶层规模在降低。

除去贫富差距带来的影响，我国收入水平也存在严重的地域差异。如果以国家范围笼统的考虑平均年收入，很容易将经济发达地区的低收入人群也归为中产阶层，而将欠发达地区的高收入人群从中产阶层的队伍中剔除，划为低收入群体。因此，仍然按照前述李春玲院士（2003）在《当前中国中产阶层的构成及比例》中将 CGSS 参与调查的 28 个省份进行分类的标准划分为三类地区，即发达地区、较发达地区和欠发达地区，通过统计计算其平均值、标准差及中位数，如表 3-5 所示。

表 3-5　分地区年总收入统计表

	年份	地区	平均值（元）	标准差	中位数（元）	占比（%）
个人年总收入	2014 年	发达	56210.39	245654.44	36000	25.35
		较发达	35116.95	134442.97	20000	25.29
		欠发达	27493.81	159992.83	18000	31.99
	2012 年	发达	39898.42	50047.80	30000.00	34.01
		较发达	21954.75	34168.02	13600.00	31.43
		欠发达	18276.30	28003.46	11760.00	36.73
	2009 年	发达	34944.59	153265.47	20000.00	24.19
		较发达	17193.34	40503.96	10000.00	28.34
		欠发达	14477.47	56659.70	8000.00	29.69

续表

	年份	地区	平均值（元）	标准差	中位数（元）	占比（%）
家庭年总收入	2014 年	发达	107931.34	193446.18	72000	25.58
		较发达	74210.95	257394.89	50000	25.80
		欠发达	59271.99	248864.17	40000	30.10
	2012 年	发达	90151.89	96391.72	70000.00	30.38
		较发达	50225.31	76621.05	35000.00	28.23
		欠发达	44232.32	46926.82	33000.00	35.55
	2009 年	发达	71435.26	187443.79	43440.00	24.68
		较发达	38883.57	72228.63	22000.00	24.38
		欠发达	32773.44	68677.43	21000.00	26.67
家庭人均年总收入	2014 年	发达	46285.58	88046.56	31920	27.39
		较发达	28271.96	87070.99	30000	25.06
		欠发达	25814.34	191698.97	13333	21.42
	2012 年	发达	35094.75	44367.56	25000.00	26.06
		较发达	17961.23	24148.24	12000.00	30.57
		欠发达	16366.94	22217.12	10000.00	31.05
	2009 年	发达	38760.94	80182.78	24000.00	27.66
		较发达	21686.12	46270.91	12000.00	12.40
		欠发达	17143.20	57896.92	10000.00	24.59

注：李春玲（2003）划分的三类地区：发达地区包括北京市、天津市、上海市、重庆市、江苏省、浙江省；较发达地区包括安徽省、福建省、广东省、湖南省、湖北省、山东省、黑龙江省、河北省；欠发达地区包括甘肃省、广西壮族自治区、贵州省、吉林省、四川省、河南省、江西省、内蒙古自治区、辽宁省、宁夏回族自治区、青海省、山西省、陕西省、云南省。

资料来源：CGSS2015、CGSS2013 及 CGSS2010 调查数据，且这几年调查的数据是数据收集年份的前一年数据。

表 3-5 的数据表明：除 2014 年家庭年总收入和家庭人均年总收入外，发达地区标准差的值相较于较发达地区与欠发达地区显然更大，说明贫富差距在发达地区更加凸显。同样，贫富差距大和金字塔形的社会收入结构

决定了低收入群体占据社会适龄人口的大部分，因此平均值远大于中位数。那么以中位数为划分中产阶层的标准也就不再适用，选择将年总收入水平在平均值以上，均值加三倍标准差以下的人群定义为收入中产阶层。2014 年发达地区的三个收入指标界定的中产比重，相对全国平均值计算出的收入中产比重，除家庭人均收入中产比重增加外，个人收入中产和家庭收入中产比重均为减少（-2.12%，-2.09%，2.34%）；较发达地区的三个收入指标界定的中产比重也有变化（-2.18%，-1.87%，+0.01%），除家庭人均收入中产比重略微增加外，个人收入中产比重和家庭收入中产比重都有所降低；欠发达地区的三个收入指标界定的中产比重，相对全国平均值计算出的收入中产比重变化都较大（+4.52%，+2.43%，-3.63%），个人收入指标中产比重提升明显，家庭人均收入指标中产比重明显降低。2012 年发达地区的三个收入指标的比重，相对全国平均值计算出的收入中产比重，除个人收入中产比重少量增加外，家庭收入中产及家庭人均收入中产的比重均明显降低（+1.74%，-4.11%，-4.72%）；较发达地区的三个收入指标的比重也有变化（-0.84%，-6.26%，-0.21%），家庭收入指标降低幅度明显；欠发达地区的三个收入指标的比重，相对全国平均值计算出的收入中产比重反倒有所提高（+6.51%，+1.06%，+4.41%），个人收入指标和家庭人均收入指标提升明显。同时，对比 2009 年的数据也可以看出，发达地区个人总收入衡量的中产阶层比重变化最大（-6.03，-2.22，1.02）；较发达地区家庭人均收入界定的中产阶层比重明显降低（-1.88，-2.52，-14.24）；欠发达地区三个指标界定的中产阶层比重的变化相较于发达地区和较发达地区变化最小（-0.53，-0.23，-2.05）。

上述分地区收入中产阶层比重的变化，个中原因要考虑不同地区消费水平的不同、务工人员的流动，地区实际最高、最低收入数值的改变等因素。分地区研究三个收入指标衡量的中产阶层比重的变动，能够从多指标判定、减少地域因素带来的误差，更加精确地矫正中产阶层的比重。

第三节　消费界定的边缘中产阶层

2018年1月，国家统计局局长宁吉喆指出①，我国消费结构中有一个很重要的变化，是恩格尔系数从2016年的30.1%降到2017年的29.3%，说明居民生活水平大幅提高。纵观近几年我国恩格尔系数，如表3-6所示，无论是全国还是城市、农村，恩格尔系数大都在30%～40%，当然，如果观察2013年前的恩格尔系数数据，无论是全国、城市还是农村，其数值都比近几年数据大，大都在38%左右，农村恩格尔系数在40%左右（2013年前后，恩格尔系数数据口径发生了显著的变化，从2013年前的分城市和农村住户的调查转变为国家统计局开展的城乡一体化住户收支与生活状况调查，在调查范围、方法及指标的口径方面都有变化）。虽然2013年前后恩格尔系数不同，但若从整体平均来看，我国基本都属于恩格尔系数界定的中产阶层，显然这样不是太合理，因此不能单一从宏观数据上来研究边缘中产阶层。

表3-6　近几年恩格尔系数统计表　　单位：%

地区	2013年	2014年	2015年	2016年
全国	31.2	31.0	30.6	30.1
城市	30.1	30.0	29.7	29.3
农村	34.1	33.5	33.0	32.2

资料来源：《中国统计年鉴》（2017）。

下面则从微观层面数据来计算消费中产阶层的现状。如表3-7所示，2014年CGSS数据显示，我国适龄社会人口平均食品支出占总消费支出的

① 参见2018年1月新华网，http：//money.163.com/18/0118/17/D8EU4V8V002580S6.html。

35.72%，即恩格尔系数在30%~40%，已经达到了小康水平。恩格尔系数中位数的值低于平均值，说明社会消费构成右偏。恩格尔系数标准差低于平均值且其自身数值也很小，说明数据离散程度低，即恩格尔系数较为集中，消费行为相似。测算显示，2014年我国消费中产的比重达到了18.22%，相较于2009年的17.97%，以消费界定的中产阶层比重略有增加。

表3-7 恩格尔系数统计表 单位：%

	均值	标准差	中位数	（30%~40%）中产阶层占比
2009年恩格尔系数	32.42	19.67	29.94	17.97
2014年恩格尔系数	35.72	95.25	30.00	18.22

资料来源：2015年和2010年CGSS综合社会调查（9年的CGSS数据中，只有2015年和2010年有消费数据）。

由于消费水平存在地区差异，按照上一章节的划分标准，分为发达地区、较发达地区和欠发达地区三个区域来统计恩格尔系数。从表3-8可以看出，2014年发达地区均值降低，且中产阶层比重显著降低，说明发达地区生活质量更好但贫富差距拉大。欠发达地区恩格尔系数均值显著降低，中产阶层比重增加，说明欠发达地区居民生活水平得到改善。较发达地区生活质量改变不明显，但中产阶层比重也得到了增加，即拉小了贫富差距。

表3-8 分地区恩格尔系数统计表 单位：%

年份	地区	均值	标准差	中位数	（30%~40%）中产阶层占比
2014	发达地区	33.45	19.95	30.71	15.38
	较发达地区	34.33	20.42	31.93	19.97
	欠发达地区	30.54	18.81	28.34	18.26
2009	发达地区	35.28	21.43	31.25	19.38
	较发达地区	34.17	20.57	31.25	18.26
	欠发达地区	37.83	153.69	29.7	17.18

资料来源：2010年CGSS综合社会调查。

除却基本生活耐用品，中产阶层人群往往追求着更高品质的生活，在拥有生活耐用品的基础上，若同时将购买小汽车和电脑的人群占有效样本数的比重作为划分消费中产的另一标准，计算消费行为上的中产阶层的比重相较于恩格尔系数计算出的比重就更少。

第四节　受教育程度界定的边缘中产阶层

文凭与职业、地位是直接相关的，而且中产阶层不管是在高等教育的机会还是在高等教育的过程和结果方面都全方位地领先于弱势阶层①。一般认为，中产阶层需要具有大专或者是本科及以上的教育水平，反过来，受教育程度高（即文化程度高）也是中产阶层形成的关键因素。然而，受教育程度是衡量中产阶层的一个辅助指标，本部分侧重于对微观数据简单描述下中产阶层的现状。

2010 年第六次人口普查数据显示，受教育程度在大学以上的人口比率是 8.93%，虽然远高于 2001 年第五次人口普查的 3.61%，但整体受教育程度还是不高的，即中产阶层比例是不高的。但 CGSS 微观调查数据显示，2015 年中国社会适龄人口中，最高学历为大学（专科）以上的人群比重为 18.68%（2013 年是 15.77%），而在这一部分人群中，将有高达 95.16%的人群职业都属于职业中产（2013 年也超过了一半），在中国当前严峻的就业形势下，这一比值还是相当乐观的。此外，微观数据还显示：受教育程度与职业中产比重存在协同变化的趋势，受教育程度越高，这部分人群成为职业中产的比重就越大，反之亦然。

---

① 参见《从北京高考状元采访谈中产阶级与高等教育的联系》，https：//zhuanlan.zhihu.com/p/27767840。

第五节　财产界定的边缘中产阶层

2018 年 1 月，北京大学教授金李指出①：过去十多年来，中国中产阶层所占有财富总规模的增长速度是全球各主要经济体中最快的，2000 年以来增速超过 330%。他还认为，中国的中端财富人口在快速崛起，2020 年，人均财富在 1 万~10 万美元的成年人口将达到整个中国成年人口的一半。2017 年 11 月，瑞信研究院在《全球财富报告》中认为②，在世界 11 亿中产阶层中（财富介乎 10000 美元至 100000 美元），中国所占比例之高超乎寻常，由 2000 年的 12.6%迅速升至 2017 年的 35%。

从微观数据层面来研究中产阶层的现状，以银行存款作为界定中产阶层的指标最为直截了当。以 2010 年 CGSS 调查数据计算的结论来看（CGSS 数据仅此年份有该数据），2010 年中国家庭平均存款为 73833.47 元。与收入指标界定中产阶层相类似，家庭平均存款的标准差远大于均值，高达 294777.6，再一次印证了数据离散程度高，显示出贫富差距大的基本国情。因此与收入指标采取同样的界定标准，将均值以上，均值加三倍标准差以下范围的社会适龄人群划为中产阶层，即有 20.94%的人口被划为家庭财产指标界定下的中产阶层。

当今中国国情下，除了家庭存款以外，第二项可以代表家庭财产水平的指标是住房，在参与 CGSS 调查的人中，排除缺失值，有 80%左右的人拥有家庭所有的住房，若以拥有家庭所有的住房来界定中产阶层的标准，那么中国绝大部分的人口都可以归为中产阶层，这种原因可能和调查数据的地域因素和城乡差异有关。由于这个中产阶层比重较大，换个角度并结

---

① 参见中国新闻网，http：//finance.jrj.com.cn/2018/01/15222923949978.shtml。

② 参见瑞信研究院《全球财富报告》，https：//www.sohu.com/a/205508334_465361。

合 CGSS 微观调查数据里有关住房的指标，考虑用家庭住房面积来衡量中产阶层。鉴于住房面积的特殊性，即国家土地资源的有限性及房价等因素对于住房面积的限制，将住房面积大于均值（116.08 平方米），小于均值加一倍标准差（208.78 平方米）的社会适龄人口定义为家庭财产中产阶层，大致计算出中国家庭财产中产阶层所占人口比重约为 26.16%，该比重比 2013 年高约四个百分点，如表 3-9 所示。

表 3-9　住房面积统计和中产阶层比重

年份	均值（平方米）	标准差（平方米）	中位数（平方米）	占比（%）
2013	123.36	93.09	100	22.59
2015	116.08	92.70	97	26.16

资料来源：2015 年、2013 年和 2010 年 CGSS 综合社会调查。

住房面积与收入一致，也受地域影响。一般来说地区越发达，标准差的值越大，说明住房面积差距越大。表 3-10 数据显示标准差小于均值，即相对而言住房面积的离散程度较低，然而欠发达地区的标准差较之发达地区更大，可能是因为城镇乡村因素，欠发达地区乡村住房面积对城镇住房面积造成了混淆。数据显示：2015 年发达地区住房面积均值比 2013 年明显下降，而 2013 年该值只是略微高于 2010 年。

表 3-10　住房面积统计表

年份	地区	均值	标准差	中位数
2013	发达地区	102.01	77.09	80.00
	较发达地区	121.26	90.95	100.00
	欠发达地区	132.79	100.09	110.00
2010	发达地区	100.14	123.10	85.00
	较发达地区	115.92	81.54	97.00
	欠发达地区	123.60	88.37	100.00

续表

年份	地区	均值	标准差	中位数
2015	发达地区	89.11	70.81	73
	较发达地区	121.76	95.90	100
	欠发达地区	126.71	97.86	100

资料来源：2015 年、2013 年和 2010 年 CGSS 综合社会调查。

除去住房面积，评定家庭财产中产阶层的指标还可以有是否有投资行为和是否拥有小汽车，综合以上指标，2010 年社会综合调查的数据显示，有 2.97%的社会适龄人口同时拥有房产、小汽车和投资行为。这一比值在 2013 年上升到 3.83%，2015 年上升到 4.95%。

第六节　主观阶层认同界定的边缘中产阶层

主观阶层认同是个人对于自己所处社会地位的认知，由于其主观个体性，宏观数据无法取得，因此，此处仅根据微观调查数据来分析这个指标界定的中产阶层。李春玲根据调查数据得出，中国在适龄社会认可中有接近 50%的人主观认为自己属于中产阶层。本节采用 CGSS 综合社会调查数据借鉴李春玲的判定方法将自身阶层认同作为调查内容的一部分，将阶层划分为 1~10 级，以评估被调查者对于自身阶层认同度。根据 6~10 级划分为主观意义上的中产阶层，2015 年仅有 18.72%的人认为自己属于中产阶层（6~10 级），而 2013 年有 18.77%的人认为自己属于中产阶层（6~10 级）。图 3-2 是根据 CGSS 数据画出的主观阶层认同分布图。

一般来说，普通大众所认为的白领阶层可以同中产阶层相提并论，2013 年 CGSS 数据显示（2015 年没有这个数据），认为自己是白领阶层的被调查者仅占 6.05%，有接近一半的人口认为自己是工人阶级，剩下一半人口对于自己所属层次的概念模糊不清。在经济自我认同的调查中，一半

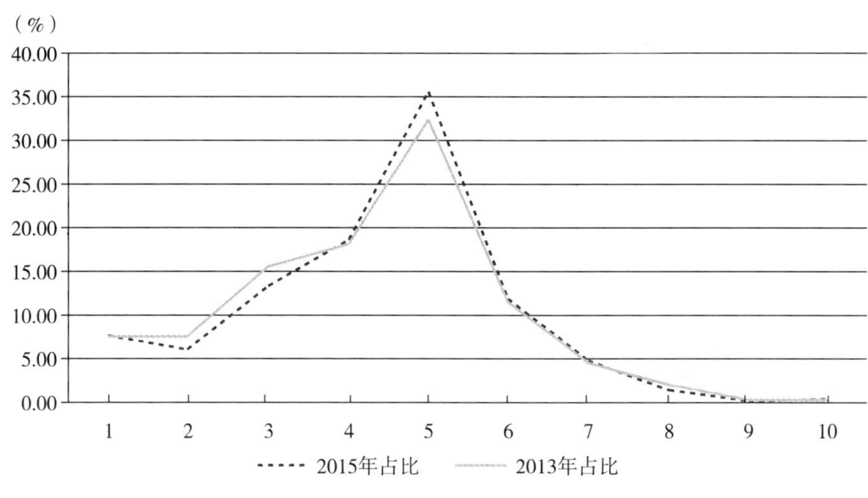

图 3-2　主观阶层认同分布图

以上的人口认为自己处于平均水平，有 1/3 的人口认为自身经济状况低于社会平均水平。相对来说，认为自身经济水平高于平均水平的人口比重很低，仅占 7.18%。

第七节　综合指标界定的核心中产阶层

由于构建的中产阶层评价指标较多，单一的宏观层面无法找到所有数据，人口普查资料中涉及的收入等隐私指标无法准确取得（收入指标和消费指标采用的是国家统计局公布的数据信息），国家统计局也没有公布职业、受教育程度等测算中产阶层的数据，因此，宏观层面用到的是人口普查数据和《中国统计年鉴》相结合的数据，各指标构建的边缘中产阶层的可比性略微显得欠妥。考虑到所选用指标数据的特点，本节仅对微观 CGSS 数据做边缘中产阶层和核心中产阶层现状的结论性分析。

通过单一指标定义的边缘中产阶层可以看出，2015 年职业中产所占比例为 34.19%（2013 年是 27.93%），在当年调查的 CGSS 有效数据（并删掉缺失数据后）中达到了2446.23万人（2013年是1998.3万人）；个人和家庭收入中产比重相差不多，都是27.5%左右（2013年是33%左右），即收入中产阶层人口数量约为1967万人（2013年是2361万人）；而住房面积界定的中产阶层占据26.16%（2013年是22.59%），即约有1871.7万人（2013年是1616.3万人）属于中产阶层家庭；以主观阶层认同界定的中产阶层人群只有1339.38万人（2013年是1342.24万人），占比18.72%（2013年是18.76%）；消费中产阶层比重为18.22%，达到了1303.6万人（2013年无此数据），受教育程度中产也达到了18.68%（2013年是15.77%），约为1387万人。总之，2015年边缘中产阶层中，收入中产、住房面积中产和主观阶层认同度中产的比例要比2013年低，职业中产和受教育程度中产的比例要比2013年高。

如果以多个指标共同界定中产阶层，即所谓中产阶层既要符合职业中产、收入中产、消费中产、家庭财产中产、受教育程度，又要具有自我认知及主观认同。那么中产阶层的人数将会大大减少。在综合指标界定核心中产阶层时，我们将指标分为个人中产阶层和家庭中产阶层两方面分别探讨（因为研究恩格尔系数指标一般考虑整个家庭的情况）。

在个人方面，在2015年抽样调查的数据中显示，同时满足个人年总收入在36580~571781元（2013年是在25033~138459元），受教育程度为大学（专科）以上，主观认同自身阶层6~10的人数仅有322人，比2013年的445人还少，在有效样本中，仅占4.78%（2013年是4.42%），即342万人（2013年是315.96万人）属于中产阶层。如若同时满足职业中产，比值更是缩减为1.99%（2013年是1.83%），约142.8万人（2013年是131万人）。在家庭方面，根据2010年综合社会调查数据（2013年、2015年没有存款数据），满足家庭年总收入在47760.60~404411元，家庭拥有住房面积在123.36~216.45平方米，家庭在银行的存款数额在73833.47~958166.3元，恩格尔系数在0.3~0.4的人群，在有效样本中，占比0.7%，即53.8万家庭属于中产阶层。

综上所述，宏观层面鉴于其研究数据的特点，界定中产阶层的数据来源于多种且采用数据涉及的年份较久远，无法在多指标确立的核心中产阶层上给出其现状的结论，而微观层面研究中产阶层所用的是统一口径调查的持续年份数据，其采用多个指标研究的中产阶层现状更具有合理性。得到的结论是：中国由各边缘指标确立的中产阶层还是有一定规模的，但核心中产阶层的比重就很小，最多不足2%；若比较宏观层面和微观层面数据分析中产阶层的结果，在大致相同时期内，结果是微观数据计算的边缘中产阶层的比例要大于宏观层面计算的中产阶层比重的结果，个中原因应是宏观数据调查的年份和微观数据调查的年份不同、覆盖范围不同，微观数据取得样本调查的地域性和城乡差别性等因素造成，那么宏观数据测算的核心中产阶层比重应该会更小。

本章小结

本章首先从宏观层面和微观层面对各个指标界定的边缘中产阶层进行了现状分析，尤其是主要构成指标中的职业和收入指标（由于在主要定量指标收入和消费中，收入更是起着最主要的作用）。然后，考虑到数据的可获得性和可比性等原因，本章在微观层面上对核心中产阶层进行了统计分析，并分别对个人和家庭核心中产阶层做了现状分析。从结论可以看出，宏观层面和微观层面的数据（换算到大致相同时期）在各边缘中产阶层上的比重并不相同，微观层面计算的边缘中产阶层比重要大于宏观层面计算的结果，且无论宏观层面还是微观层面，单一指标确立的边缘中产阶层还是有一定规模的，但核心中产阶层的规模太小，微观层面显示的结果不足2%，宏观层面估计会更小。

第四章 基于非参数角度中产阶层比重的测度

前文是根据宏观层面的国家统计局数据、普查数据和微观层面 CGSS 数据对中产阶层的现状、规模进行的描述性统计分析，本章将采用现代非参数统计分析方法定量地对中产阶层的比重给出测度。参考国内外对中产阶层（中产阶级、中等收入群体）比重测度的文献（Abdous，1998；B. W. Sliberman，2015；胡蓓蓓等，2014；薛留根，2016）可以看出，这些文献主要是从单一指标收入的角度计算中等收入群体的比重，相当于本书的“边缘中产阶层”——收入中产分布测算中产阶层（中产阶级），也有些学者（李春玲，2016；李强，2017）从多维度来研究中产阶层的规模，但都是辅助问卷调查并采用描述统计的方法去进行估算，本章采用非参数统计方法将一个维度界定的中产阶层比重的测度方法拓展到多个维度界定的中产阶层比重的测度方法上，但考虑到数据的可获得性和时间维度的统一性，实证部分仅以收入和消费两个维度研究其二维度联合核密度函数从而计算核心中产阶层的比重。

单一指标收入分布的统计方法分为参数统计方法、传统非参数统计方法和现代非参数统计方法三种。参数统计方法是通过研究有限个参数去刻画，反之就是非参数统计方法。参数统计方法主要是根据基础指标反映收入分布，比如基尼系数、泰尔指数、普通离散系数测度法，或采用帕累托分布、伽马分布或对数正态分布等统计模型研究，以及等分法（七等分或五等分分组）和指标法。传统非参数方法是假定收入服从哪些分布，然后通过单样本进行非参数的秩的检验[①]，比如绘制收入分布的直方图、概率PP图[②]、分位数QQ图[③]。现代非参数统计方法是不假定收入分布的形式，尽可能用收入数据本身来获得所需要的信息，最常见的就是核密度函数。一般来说，采用基尼系数和泰尔指数，可以根据其数值的大小，反映居民收入差距的大小，但采用此法只能对整体收入的差距程度进行整体刻画，并不能反映收入分布形态。若采用等分法，无论是五等分或是七等分，最中间一组的比例始终是20%，中间三组的比例始终是60%，这样的“橄榄形”社会结构已经达到了一种既定的状态，使得实际的中间收入存在严重的误差。若采用指标法，由于分配领域中双轨制和隐性收入的存在，指标的调查数值和真实数值之间也会存在误差，使用的指标就会有失偏颇。若采用帕累托、伽马和对数正态分布则需要是对已知的参数进行估计，显然我们是不知道这些参数的。若采用传统非参数检验则需要假定收入分布符合某种假定的分布，而收入分布恰恰是我们想要研究的。

现代非参数统计在不假定收入分布的基础上绘制收入分布的核密度曲线，即使对总体分布的任何信息都没有的前提下，也能得到较为可靠的结论，但现代非参数估计法对数据的要求高，计算较为复杂，其应用效率较低，但随着计算机和软件的发展，这种问题正在得到改善。然而，截至目前，所有研究中产阶层（中产阶级、中等收入群体）分布的现代非参数核密度的学者都是基于收入一个指标来给出收入分布的核密度曲线，进而测算中等收入群体的比重，对于构造多指标、多维度的中产阶层的联合分布研究的较少。本书将在一维度核密度基础上，参考一些学者的文献（Wu Qun Ying et al.，2013；A. Shilton，2013；J. K. Hoffman，2015；Sha Lingdao et al.，2017；孙晓祥，2006），将其拓展到多维度核密度函数进一步测算“中产阶层”的比重，考虑到数据的可获得性和技术上的处理，实证部分

① 单样本非参数检验是对单一总体进行统计推断的方法，包括卡方检验、K-S检验等方法。

② 收入PP图是刻画实际收入的居民累计比与先前假设的居民累计比之间关系的曲线。

③ 收入QQ图是刻画实际收入分布的分位数与先前假设的收入分位数之间关系的曲线。

没有进行多维度核密度函数的拓展，这也是本书的遗憾，当然也是今后要研究的重点。

第一节 测度模型

社会学界对多指标构成的中产阶层规模的测度是辅助调查问卷去推算研究的；经济学界现有的定量测度中产阶层（中产阶级、中等收入群体）比重的方法多是采用一个指标分析，如采用基尼系数等综合指标或五等分、七等分分组收入汇总数据。基尼系数大说明居民收入差距大，中等收入比重低，但不能测出中等收入群体规模。等分组居民收入数据有中等组，但人口比重是固定的，无法对其比重进行估测；还有一些学者采用现代非参数核密度的方法研究中产阶层比重的测度，但都是基于收入这一维度构成的中等收入群体来研究。本书提出的中产阶层是多个指标的概念，且将一维度核密度延伸到多维度核密度再根据数值积分的方法求出中产阶层比重的测度，有较强的创新性和较强的分析功能。

指标核密度估计是用来估计未知密度函数的一种方法，属于现代非参数检验方法之一。其估计原理与直方图相似，计算均值周围点的个数，对于均值近处的点应该考虑多些，远处的点应考虑得少些。本章首先构造衡量社会阶层相关指标的联合密度函数，其次用核密度函数对其进行估计，得到指标的联合核密度函数，再次界定各个衡量中产阶层指标的上下限，最后对指标的联合核密度函数做数值积分求出中产阶层的比重。

一、一维度密度函数的核估计

若 $f(x)$ 是一维总体的密度函数，设 $K(\cdot)$ 是 R 上一个给定的 Borel 可测函数，$h_n>0$ 是一个与 n 有关的常数，满足 $\lim\limits_{n\to\infty}h_n=0$，定义：

$$\hat{f}(x, h_n) = \frac{1}{nh_n}\sum_{i=1}^{n} k\left(\frac{X_i - x}{h_n}\right) \tag{4-1}$$

则称 $\hat{f}(x, h_n)$ 为一维总体密度函数 $f(x)$ 的核密度估计。其中，$K(\cdot)$ 称为核函数，因为核函数的不同选择在核密度估计中不敏感，当 n 很大时，他对估计结果影响不大，所以本书采用高斯核 $k(t) = \frac{1}{\sqrt{2\pi}}\exp\left(-\frac{t^2}{2}\right)$。$h_n$ 称为带宽，即光滑参数，带宽对 $f(x)$ 起局部光滑的作用。一般来说，在给定样本后，核估计性能的好坏主要取决于带宽 h_n 的选择是否适当，所以要调整带宽，即最小化 Rosenblatt（1956）提出的积分均方误差 $MISE\hat{f}(x, h_n)$，

$$\begin{aligned} \min[MISE\hat{f}(x, h_n)] &= \min\left[\int_{-\infty}^{\infty} MSE(\hat{f}(x, h_n))\right] \\ &= \min\{E[\hat{f}(x, h_n) - f(x, h_n)]^2\} \\ &= \min\{var(\hat{f}(x, h_n)) + [bias\hat{f}(x, h_n)]^2\} \\ &= \min\left\{\int_{-\infty}^{\infty} k^2(t)dt(nh_n)^{-1} + \frac{1}{4}h_n^4 d_k^2\int_{-\infty}^{\infty}[f''(x)]^2 dx\right\} \end{aligned} \tag{4-2}$$

最小化式（4-2），即可得到最优带宽 h_n^*：

$$h_n^* = \left\{\frac{\int_{-\infty}^{\infty} k^2(t)dt}{d_k^2\int_{-\infty}^{\infty}[f''(x)]^2 dx}\right\}^{1/5} n^{-1/5} \tag{4-3}$$

但式（4-3）中有未知量 $f(x)$，本书采用 Sliverman（1986）提出的经验法则，即假定 $f(x)$ 为正态密度函数 $N(0, \sigma^2)$，选取高斯核，则最优带宽 h_n^* 为：

$$h_n^* = 1.06\hat{\sigma}n^{-1/5} \tag{4-4}$$

通常式（4-4）中的 $\hat{\sigma}$ 可取为 $\min\{S, Q/1.34\}$，其中 S 为样本标准

差，Q 为样本的 75%分位数与 25%分位数之差。

此时，得到一维总体密度函数的核密度估计式（4-1）最终为：

$$\hat{f}(x, h_n) = \frac{1}{nh_n^*}\sum_{i=1}^{n}\frac{1}{\sqrt{2\pi}}e^{-\frac{t^2}{2}}K\left(\frac{X_i - x}{h_n^*}\right) \tag{4-5}$$

如若 f(x) 很光滑，则上面方法提出的最优带宽就会运作得很好，在实际问题中，常会选择用数据“自动”产生带宽的“交叉验证”方法。

二、二维度密度函数的核估计

若 $f(x_1, x_2)$ 是二维度总体的密度函数，设 K(·) 是 R 上一个给定的 Borel 可测函数，$h_n>0$ 是一个与 n 有关的常数，满足 $\lim\limits_{n\to\infty} h_n=0$，定义：

$$\hat{f}(x_1, x_2; h_n) = \frac{1}{nh_n^2}\sum_{i=1}^{n}k\left(\frac{X_{i1} - x_1}{h_n}, \frac{X_{i2} - x_2}{h_n}\right) \tag{4-6}$$

则称 $\hat{f}(x_1, x_2; h_n)$ 为二维度总体密度函数 $f(x_1, x_2)$ 的核密度估计。其中，K(·) 称为核函数，因为核函数的不同选择在核密度估计中不敏感，当 n 很大时，他对估计结果影响不大，所以本书采用高斯核 $k(t_1, t_2)=\frac{1}{2\pi}\exp\left(-\frac{t_1^2 + t_2^2}{2}\right)$。$h_n$ 称为带宽，即光滑参数，带宽对 $f(x_1, x_2)$ 起局部光滑的作用。一般来说，在给定样本后，核估计性能的好坏主要取决于带宽 h_n 的选择是否适当，所以要调整带宽，即最小化 Rosenblatt（1956）提出的积分均方误差 $MISE\hat{f}(x_1, x_2; h_n)$ 如式（4-7）所示，得到最优带宽 h_n^*。

$$\begin{aligned} MISE\hat{f}(x_1,x_2;h_n) &= E\iint \hat{f}(x_1,x_2;h_n) - f(x_1,x_2;h_n)^2 dx_1 dx_2 \\ &= \iint E[\hat{f}(x_1,x_2;h_n) - f(x_1,x_2;h_n)]^2 dx_1 dx_2 \\ &= \iint var\hat{f}(x_1,x_2;h_n) dx_1 dx_2 + \iint [E(\hat{f}(x_1,x_2;h_n)) - \\ &\quad f(x_1,x_2;h_n)]^2 dx_1 dx_2 \end{aligned} \tag{4-7}$$

令 $y_1=X_{i1}$，$y_2=X_{i2}$，$\frac{y_1-x_1}{h}=t_1$，$\frac{y_2-x_2}{h}=t_2$，根据泰勒定理和核函数的性质，$\iint t_1k(t_1,\ t_2)dt_1dt_2=0$，$\iint t_2k(t_1,\ t_2)dt_1dt_2=0$，$\iint k(t_1,\ t_2)dt_1dt_2=1$，得到式（4-7）更进一步的式子，即：

$$MISE\hat{f}(x_1,x_2;h_n)=\frac{1}{4}h_n^4\iint\left[k_1\left(\frac{\partial f}{\partial x_1}\right)^2+k_2\left(\frac{\partial f}{\partial x_2}\right)^2+2k_3\left(\frac{\partial f}{\partial x_1}\right)\left(\frac{\partial f}{\partial x_2}\right)\right]^2 f^2(x_1,x_2)dx_1dx_2+\frac{1}{nh_n^{\ 2}}\iint k^2(t_1,t_2)dt_1dt_2 \tag{4-8}$$

式（4-8）中，$k_1=\iint t_1^2k(t_1,\ t_2)dt_1dt_2$，$k_2=\iint t_2^2k(t_1,\ t_2)dt_1dt_2$，$k_3=\iint t_1t_2k(t_1,\ t_2)dt_1dt_2$。

若要求 $MISE\hat{f}(x_1,\ x_2;\ h_n)$ 的最小值，只需求其一阶导数为 0，得到最优带宽 h_n^*，即：

$$h_n^*=n^{-\frac{1}{6}}2^{\frac{1}{6}}\left[\frac{\iint k^2(t_1,t_2)dt_1dt_2}{\iint\left[k_1\left(\frac{\partial f}{\partial x_1}\right)^2+k_2\left(\frac{\partial f}{\partial x_2}\right)+2k_3\left(\frac{\partial f}{\partial x_1}\right)\left(\frac{\partial f}{\partial x_2}\right)\right]^2 f^2(x_1,x_2)dx_1dx_2}\right]^{\frac{1}{6}} \tag{4-9}$$

但式（4-9）中有未知量 $f(x_1,\ x_2)$，本书采用 Sliverman（1986）提出的经验法则，即假定 $f(x_1,\ x_2)$ 为协方差阵 $\sum=\begin{pmatrix}\sigma_1^2 & \rho\sigma_1\sigma_2\\ \rho\sigma_1\sigma_2 & \sigma_2^2\end{pmatrix}$，$\mu=\begin{pmatrix}\mu_1\\ \mu_2\end{pmatrix}$ 的二元正态密度函数，即：

$$f(x_1,x_2)=\frac{1}{2\pi\sigma_1\sigma_2\sqrt{1-\rho^2}}\exp\left\{-\frac{1}{2(1-\rho^2)}\left[\left(\frac{x_1-\mu_1}{\sigma_1}\right)^2-2\rho\left(\frac{x_1-\mu_1}{\sigma_1}\right)\left(\frac{x_2-\mu_2}{\sigma_2}\right)+\left(\frac{x_2-\mu_2}{\sigma_2}\right)^2\right]\right\} \tag{4-10}$$

将上面的二元正态密度函数 $f(x_1, x_2)$ 和二元高斯核 k 以及令 $t_1 = \frac{x_1-\mu_1}{\sigma_2}$，$t_2 = \frac{x_2-\mu_2}{\sigma_2}$，$t_1 = r\cos\theta$，$t_2 = r\sin\theta$ 代入最优带宽 h_n^*，得到最终的带宽 h_n^*，即：

$$h_n^* = \left\{\frac{432\pi^5(1-\rho^2)^4\sigma_1^5\sigma_2^5}{\int_0^{2\pi}\left[\left(\frac{u_1}{\sigma_1}\right)^2+\left(\frac{u_2}{\sigma_2}\right)^2\right]^2\frac{1}{(1-2\rho u_3)^3}d\theta}\right\}^{\frac{1}{6}} 2^{\frac{1}{6}}n^{-\frac{1}{6}} \tag{4-11}$$

其中，$u_1 = \cos\theta - \rho\sin\theta$，$u_2 = \sin\theta - 2\rho\cos\theta$，$u_3 = \cos\theta\sin\theta$

此时，二维密度函数的核密度估计为：

$$\hat{f}(x_1, x_2; h_n) = \frac{1}{nh_n^{*2}}\sum_{i=1}^{n}K\left(\frac{X_{i1}-x_1}{h_n^*}, \frac{X_{i2}-x_2}{h_n^*}\right) \tag{4-12}$$

同样，如若 $f(x_1, x_2)$ 很光滑，像一维度密度函数一样，最优带宽会运作得很好，在实际问题中，也常会选择用数据“自动”产生带宽的“交叉验证”方法。

三、多维度密度函数的核估计

继续外推，假设 $f(x_1, x_2, \cdots, x_d)$ 是多维度总体的密度函数，设 K(·) 是 R 上一个给定的 Borel 可测函数，$h_n>0$ 是一个与 n 有关的常数，满足 $\lim_{n\to\infty}h_n=0$，即定义：

$$\hat{f}(x_1, x_2, \cdots, h_n) = \frac{1}{nh_n^d}\sum_{i=1}^{n}k\left(\frac{X_{i1}-x_1}{h_n}, \frac{X_{i2}-x_2}{h_n}, \cdots, \frac{x_{id}-x_d}{h_n}\right) \tag{4-13}$$

则称 $\hat{f}(x_1, x_2, \cdots, h_n)$ 为多维度总体密度函数 $f(x_1, x_2, \cdots, x_d)$ 的核密度估计，且该联合密度函数不要求各个变量是相互独立的（上面二维度密度函数也不要求各个变量独立），仍然采用高斯核，最小化积分均方误差 MISE$\hat{f}(x_1, x_2, \cdots, h_n)$，只需求其一阶导数为 0，得到最优带宽

h_n^*，过程如下：

$$\begin{aligned} MISE\hat{f}(x_1,x_2,\cdots;h_n) &= E\iint \hat{f}(x_1,x_2,\cdots;h_n) - f(x_1,x_2,\cdots;h_n)^2 dx_1 dx_2 \\ &= \iint E[\hat{f}(x_1,x_2,\cdots;h_n) - f(x_1,x_2,\cdots;h_n)]^2 dx_1 dx_2 \\ &= \iint var\hat{f}(x_1,x_2,\cdots;h_n) dx_1 dx_2 + \iint [E(\hat{f}(x_1,x_2,\cdots;h_n)) - \\ &\quad f(x_1,x_2,\cdots;h_n)]^2 dx_1 dx_2 \\ &= O\left(\sum_{i=1}^{d} h_i^2 + \frac{1}{nh_1\cdots h_d}\right) \end{aligned} \tag{4-14}$$

即最优带宽 h_n^* 为：

$$h_n^* = \min_{h>0}\left[\frac{1}{n^2 h_n}\sum_{i=1}^{n}\sum_{j=1}^{n} k_1\left(\frac{X_i - X_j}{h_n}\right) + \frac{2K(0)}{nh_n}\right] \tag{4-15}$$

该多维度测度中产阶层比重的模型在实证研究上会有些问题，因为定性指标无法进入模型、数据的可获得性、指标间的时间维度的不统一性及某些指标相关性的存在，因此，下面的实证部分将以一维度和二维度为例做中产阶层比重的测度分析，多维度测度实证分析是今后的研究方向。

第二节　边缘中产阶层比重的测度

本节的实证首先做一维度界定的中产阶层比重的测度，考虑到指标的构建和数据的合理性，仅以 2015 年 CGSS 数据和 2010 年 CGSS 数据中的家庭为量度单位的家庭年总收入和家庭恩格尔系数指标为例，计算边缘中产阶层的主要步骤如下：

第一，选择家庭年总收入和家庭恩格尔系数数据，分别作为即将采用核密度估计的收入密度函数及消费密度函数的基础。

第二，选择核函数，因为核函数的选择对核密度函数估计结果的影响不大，本书选择常用的高斯核密度函数，选择带宽时使用 Sliverman

（1986）提出的经验法则，即假定 f(x) 为正态密度函数 $N(0, \sigma^2)$。

第三，通过 R 软件编程计算，得到家庭收入函数、家庭恩格尔系数函数的核密度估计。

第四，结合前文给出的中产阶层的家庭年总收入的上下限和家庭恩格尔系数的上下限，分别做家庭收入核密度函数和家庭恩格尔系数核密度函数在上下限内的积分，即可得到边缘中产阶层的比重。

一、收入中产阶层比重的测度

根据 2015 年 CGSS 数据和 2010 年 CGSS 数据中的 2014 年和 2009 年的家庭年总收入数据，用 R 软件画出其核密度（见图 4-1）。

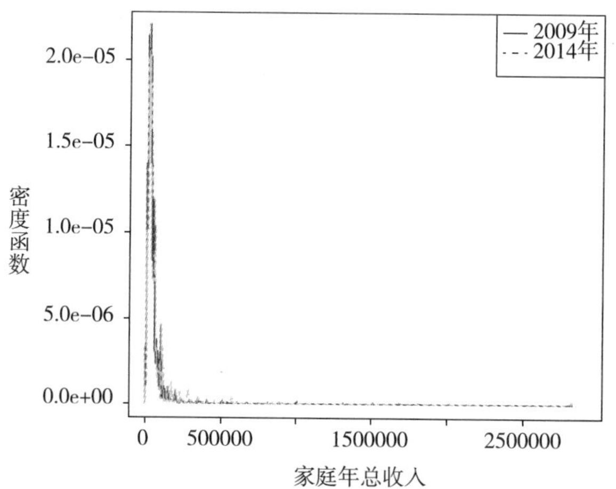

图 4-1　2009 年、2014 年家庭年总收入核密度图

从图 4-1 中可以看出我国居民家庭年总收入分布右偏，说明低收入人群占多数，高收入人群占少数，贫富差距明显。2014 年相较 2009 年核密度曲线变化不大。进一步画出 2014 年和 2009 年城镇、农村这两年的家庭年总收入核密度（见图 4-2），可以看出城镇的居民家庭年总收入核密度曲线仍然是右偏分布，且 2014 年相较 2009 年变化不大，但 2014 年农村居民家庭年收入核密度曲线相较 2009 年变化趋势明显，整体略微向右移动，说明农村居民的整体收入水平略微提升，右侧靠近均值的地方有加厚的趋势，表明我国农村中等收入群体人口比重略微增加。除此之外，我国收入水平也存在严重的地域差异。如图 4-3 所示，2014 年和 2009 年发达地区、较发达地区和欠发达地区的家庭年总收入核密度图，特点表现为 2014 年发达地区和较发达地区的家庭年总收入核密度估计曲线均值左移，且靠近均值的中间部分相比 2009 年变窄，尤其是较发达地区更窄，说明发达地区和较发达地区整体收入水平反倒降低，且中产阶层群体比重降低，而欠发达地区 2014 年相较于 2009 年则是整体向右移动，且靠近均值两侧宽度加宽，说明欠发达地区整体收入水平增加，且中产阶层群体比重升高。

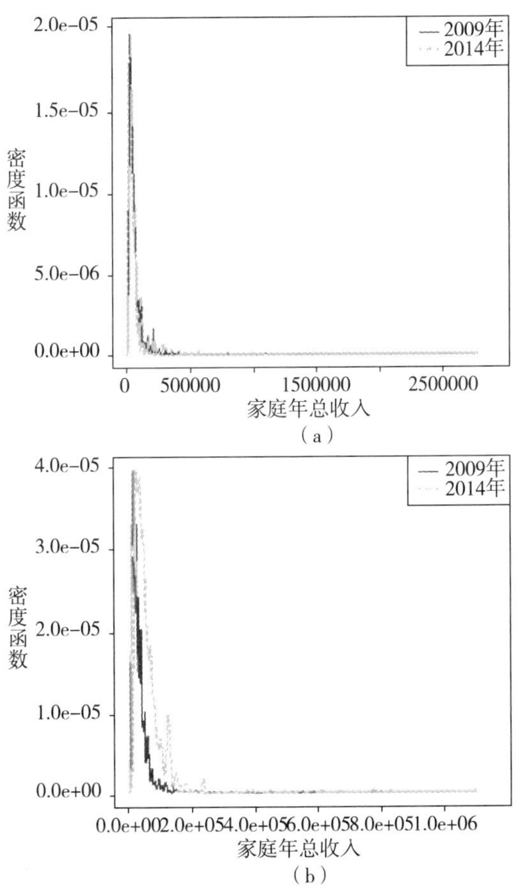

图 4-2　2009 年、2014 年城市、农村家庭年总收入核密度图

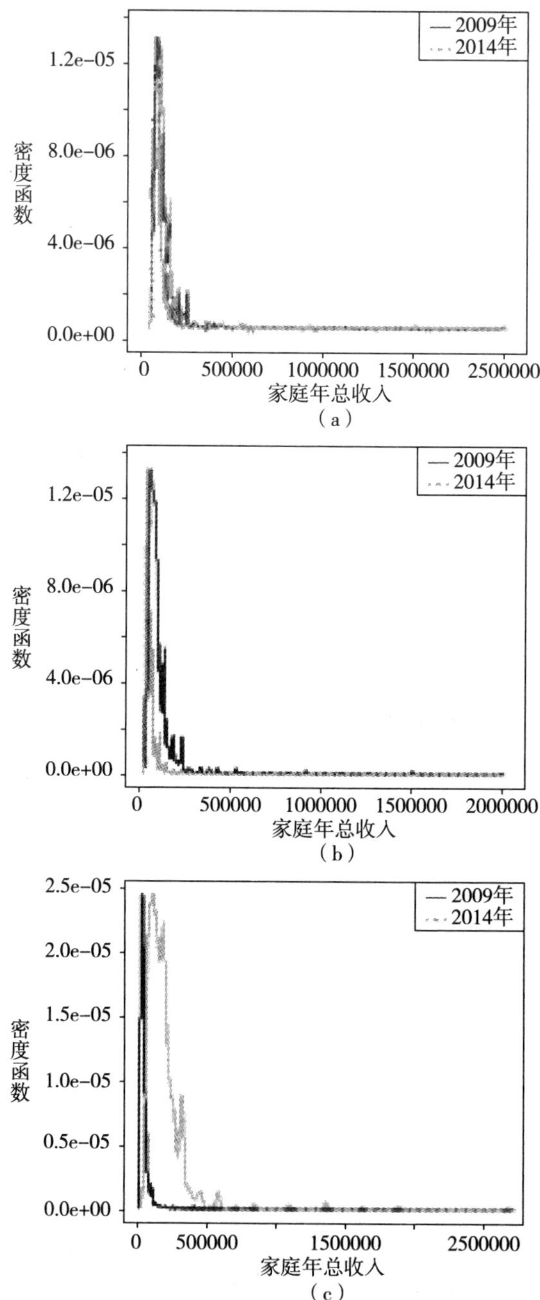

图 4-3 2009 年、2014 年发达地区、较发达地区、欠发达地区家庭年总收入核密度图

结合前面给出的家庭年总收入中产阶层的上下限标准，下限为均值，上限为均值加三倍标准差，即2014年边缘中产阶层的上下限分别是404411元和47760.60元，2009年边缘中产阶层的上下限分别是795868元和75258.05元，可以得到收入边缘中产阶层的比重如表4-1所示。从表4-1中可以看出，中国收入边缘中产阶层的比重在30%左右，中产阶层规模虽然比重不算高，但总体有扩大的趋势。城镇中产阶层比重高于农村，无论是城镇还是农村中产阶层比重都在增加，农村相对于城市增加的幅度更快，即农村贫富差距有缩小的趋势。发达地区和较发达地区中产阶层比重有降低的趋势，欠发达地区中产阶层的规模有较大增加，说明欠发达地区贫富差距在缩小。

表4-1 边缘中产阶层—收入中产阶层的比重 单位：%

年份	全国	城镇	农村	发达地区	较发达地区	欠发达地区
2014	31.45	34.55	30.67	28.76	30.01	32.43
2009	29.67	33.47	27.65	29.33	32.44	27.56

注：发达地区包括北京市、天津市、上海市、重庆市、江苏省、浙江省；较发达地区包括安徽省、福建省、广东省、湖南省、湖北省、山东省、黑龙江省、河北省；欠发达地区包括甘肃省、广西壮族自治区、贵州省、吉林省、四川省、河南省、江西省、内蒙古自治区、辽宁省、宁夏回族自治区、青海省、山西省、陕西省、云南省（以下对于发达地区、较发达地区和欠发达地区的定义同上）。

从表4-1的数据可以看出，2014年相较于2009年全国收入界定的中产阶层的比重略微增加，分城镇农村来看，中产阶层的比重也是略微增加，然而从发达地区、较发达地区和欠发达地区来看，欠发达地区中产阶层比重增幅较大，发达地区和较发达地区中产阶层比重仍然是略微减少。中产阶层比重变化的原因应该是跟经济增长、收入分配政策和中等收入标准线的同时变动有关，下文会做较详细的解释。从表4-1还可以看出，本章提出的测度中产阶层比重的方法和前面一章描述统计计算的结果相比相差不大，收入界定的中产阶层比重都在25%~30%，所以也说明此方法的可行性。

二、消费中产阶层比重的测度

相同地，根据 2015 年 CGSS 数据和 2010 年 CGSS 数据中的 2014 年和 2009 年的家庭恩格尔系数的数据，用 R 软件画出其核密度图，如图 4-4 所示。

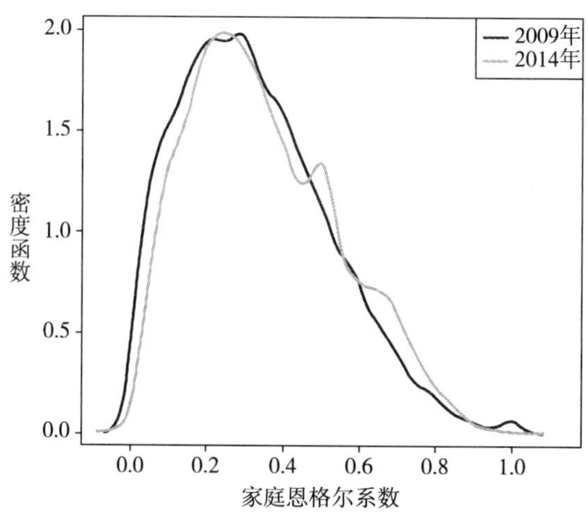

图 4-4　2009 年、2014 年家庭恩格尔系数核密度图

从图 4-4 中可以看出，我国多数人群恩格尔系数在 0.3 左右。核密度图也呈现略微右偏的形状，说明食物消费支出大的人群比重相对较小，人们生活水平差异大。2014 年相较 2009 年核密度曲线表现出以下特点：曲线向右略微平移，说明居民的食物支出水平提升，家庭生活水平略微降低；曲线峰值略高，顶部上升，宽度略微减小，说明收入恩格尔系数差距缩小，中产阶层比重略微增加。进一步画出 2014 年、2009 年城镇、农村这两年的家庭恩格尔系数核密度图（见图 4-5），其特点是 2014 年城市家庭恩格尔系数相较于 2009 年位置变化不大，农村家庭恩格尔系数明显右侧移动，说明农村家庭生活水平质量下降。如果再看 2014 年和 2009 年发达地区、较发达地区和欠发达地区的家庭恩格尔系数核密度图，如图 4-6 所示，特点表现为发达地区宽度变宽、较发达地区基本不变、欠发达地区整体右侧移动，说明发达地区生活水平质量拉大，较发达地区基本没有变化，欠发达地区人们生活水平变差。

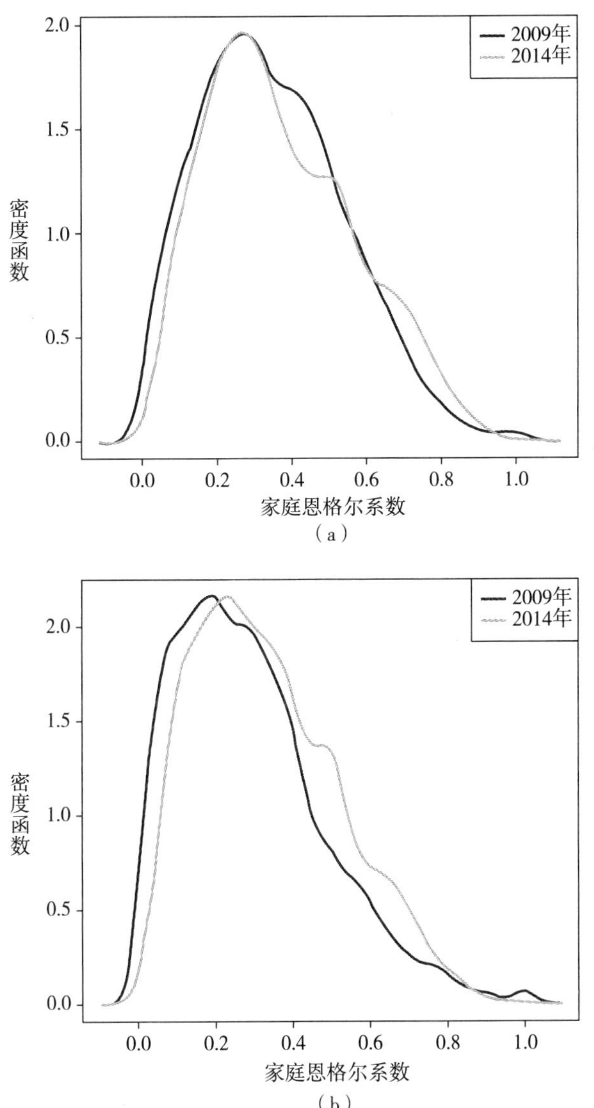

图 4-5　2009 年、2014 年城市、农村家庭恩格尔系数核密度图

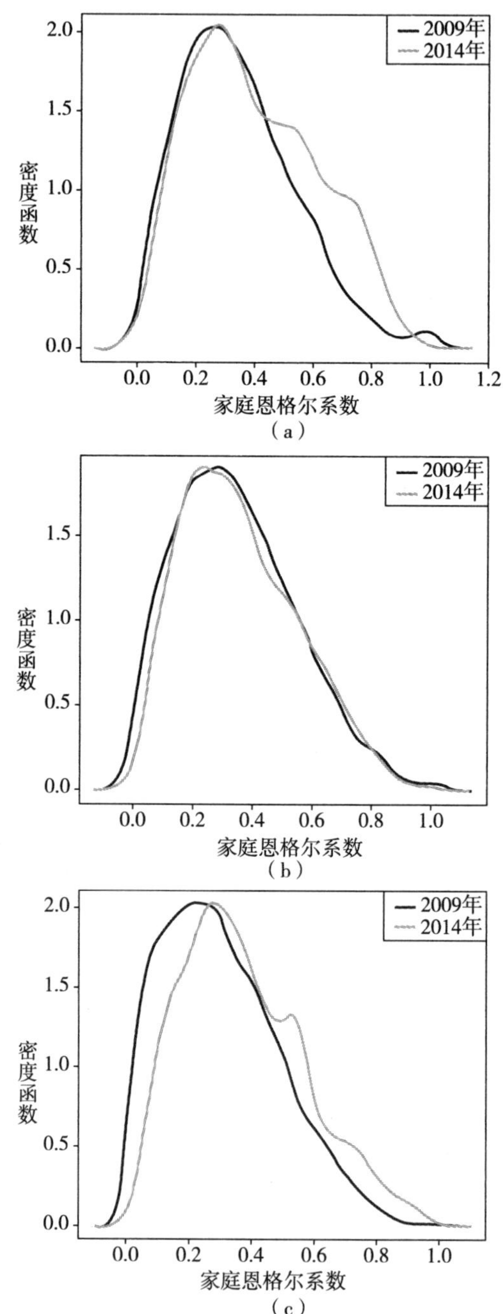

图 4-6　2009 年、2014 年发达地区、较发达地区、欠发达地区家庭恩格尔系数核密度图

结合前面给出的消费界定的中产阶层的上下限标准，即恩格尔系数在0.3~0.4，可以得到消费边缘中产阶层的比重如表4-2所示。从表4-2中可以看出，由消费构成的边缘中产阶层比重在23%左右。2014年相较2009年全国消费界定的中产阶层的比重略微增加；分城镇农村来看，城市中产阶层的比重略微减少，农村中产阶层的比重反而增加；从发达地区、较发达地区和欠发达地区来看，较发达地区和欠发达地区中产阶层比重略微增加，发达地区中产阶层比重减少。个中原因也应该是跟经济增长、收入变化的同时变动有关。同样地，从表4-2还可以看出，本章提出的测度中产阶层比重的方法和前面一章描述统计计算的结果也相差不大，即消费界定的边缘中产阶层比重都在20%左右，也说明本章方法的合理性。

表4-2　边缘中产阶层—消费中产阶层的比重　　单位：%

年份	全国	城市	农村	发达地区	较发达地区	欠发达地区
2014	23.22	22.57	24.24	20.38	24.97	23.26
2009	22.97	23.07	22.84	24.38	23.26	22.18

第三节　核心中产阶层比重的测度

本章考虑到数据的特点，仍然采用2015年CGSS数据和2010年CGSS数据，以二维度为例估计中产阶层的比重，衡量中产阶层的指标是同时以家庭为量度单位的家庭年总收入和家庭恩格尔系数，用非参数核密度的方法确立核心中产阶层比重。计算核心中产阶层的主要步骤如下：

第一，选择家庭年总收入和家庭恩格尔系数数据做联合核密度估计联合密度函数。

第二，选择核函数，因为核函数的选择对核密度函数估计结果的影响不大，本章选择常用的高斯核密度函数，选择带宽时使用Sliverman

（1986）提出的经验法则，即假定 $f(x)$ 为正态密度函数 $N(0, \sigma^2)$。

第三，通过 R 软件编程计算，得到家庭收入函数和家庭恩格尔系数联合核函数的核密度估计，结合前文给出的中产阶层的收入和消费的上下限，做核密度函数在上下限上的积分，即可得到同时满足收入和消费界定的中产阶层比重。

按照上面的步骤具体操作如下。首先，将 2014 年 CGSS 和 2009 年 CGSS 调查的家庭年总收入 x 和恩格尔系数 y 数据，进行标准化，取高斯核，根据上面内容确定 2014 年和 2009 年最优带宽 h_n^* 分别为 0.215 和 0.254，且两个年份的联合核密度函数分别为：

$$\hat{f}(x_1, x_2; h_n) = \frac{1}{0.046n}\sum_{i=1}^{n} k\left(\frac{X_{i1} - x_1}{0.254}, \frac{X_{i2} - x_2}{0.254}\right) \tag{4-16}$$

$$\hat{f}(x_1, x_2; h_n) = \frac{1}{0.065n}\sum_{i=1}^{n} k\left(\frac{X_{i1} - x_1}{0.254}, \frac{X_{i2} - x_2}{0.254}\right) \tag{4-17}$$

上述核密度函数的透视图如图 4-7 至图 4-12 所示，二维度透视图是一个立体图形，由于标准化后家庭年总收入的变化范围比家庭恩格尔系数的变化范围要大得多，所以立体图更倾向于家庭恩格尔系数的坐标轴。从图 4-7 和图 4-8 中可以看出，2014 年相较 2009 年二维度联合核密度图形有较大变化，2014 年的图形波动程度大，2009 年图形显得更平滑，这说明 2014 年由收入和消费共同决定的社会阶层的分布与 2009 年社会阶层分布有较大不同；进一步画出 2014 年、2009 年城镇和农村的联合核函数的透视图，这两年的图形显示 2014 年城镇的核密度透视图相较 2009 年发生了很大的变化，农村核密度透视图变化不大，而且在相同的年份，城镇、农村和全国都有较大的差异，其中城镇的差异显得更大，这说明城镇在这两年中社会阶层的分布要有更大差异，是否也从另一方面说明阶层间人群分布要大于农村；发达地区、较发达地区和欠发达地区的联合核函数的透视图如图 4-11、图 4-12 所示。可以看出，欠发达地区从 2009 年到 2014 年人群的分布发生了较大的变化，发达地区和较发达地区人群分布变动较小，这可能跟国家对西部地区政策的扶持等有关。

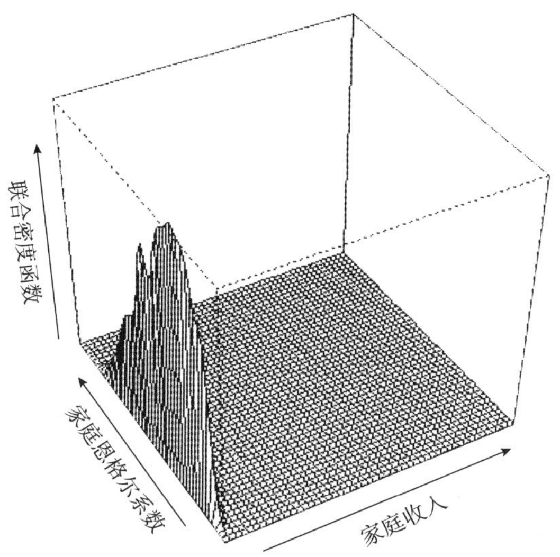

图 4-7　2014 年全国联合核密度透视图

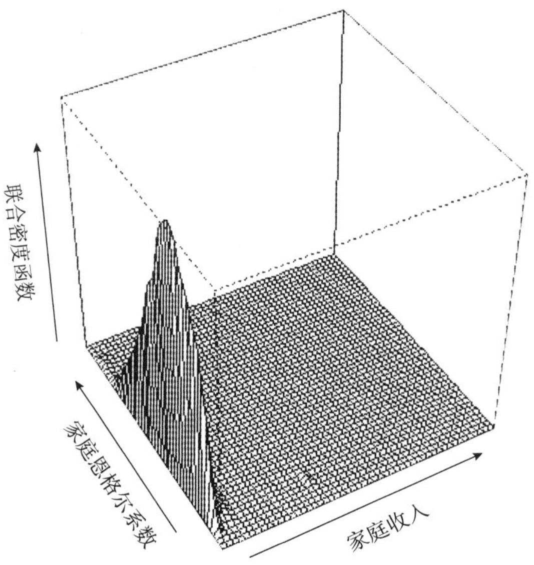

图 4-8　2009 年全国联合核密度透视图

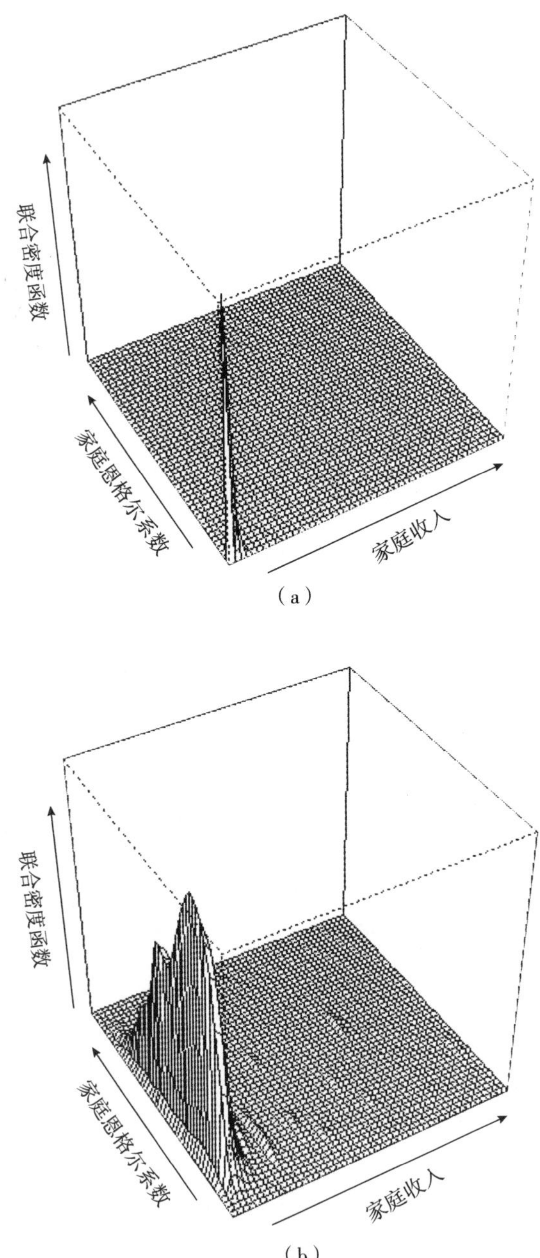

（a）

（b）

图 4-9　2014 年城镇、农村联合核密度透视图

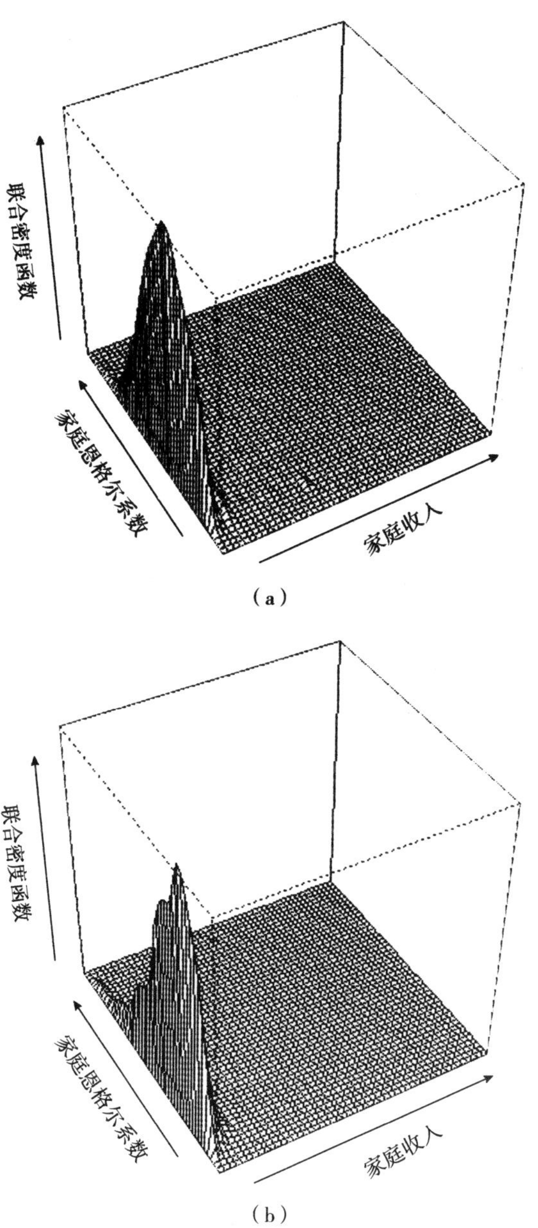

图 4-10　2009 年城镇、农村联合核密度透视图

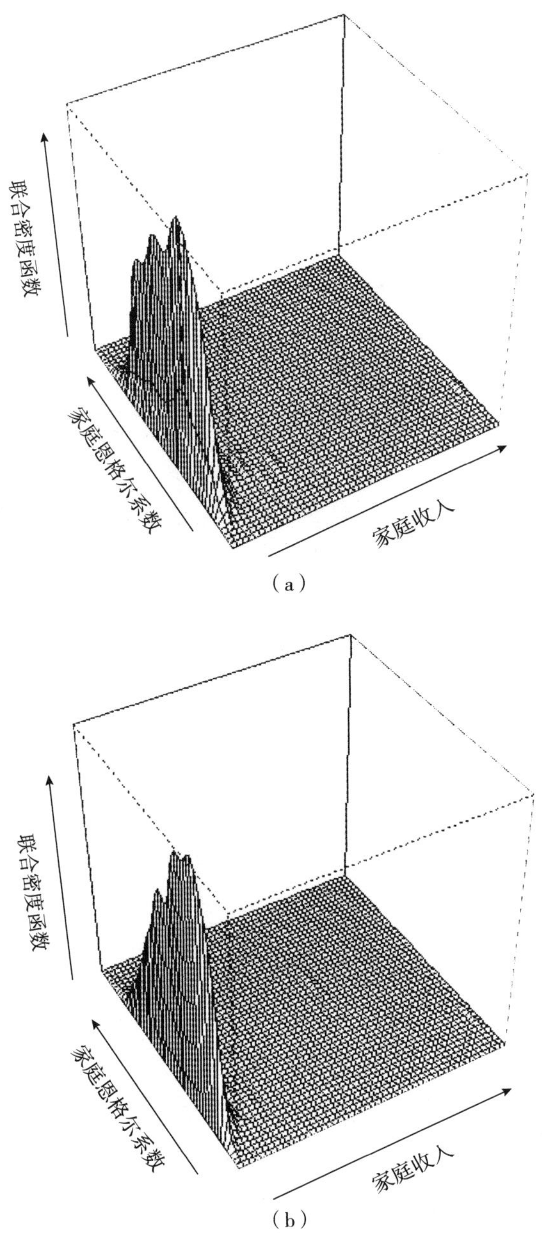

图 4-11　2014 年发达地区、较发达地区、欠发达地区联合核密度透视图

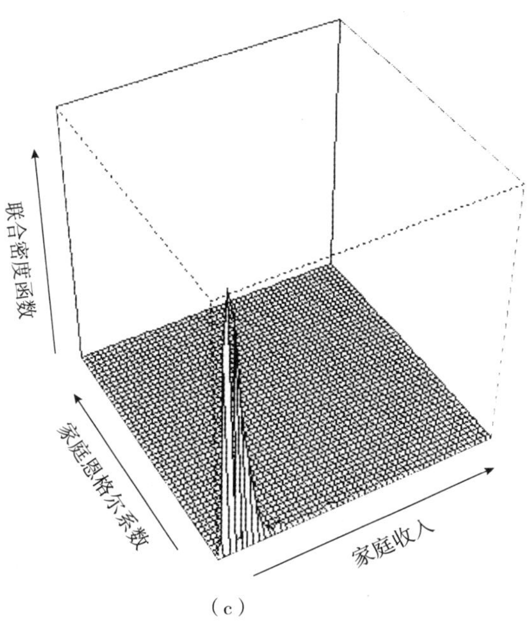

（c）

图 4-11　2014 年发达地区、较发达地区、欠发达地区联合核密度透视图（续）

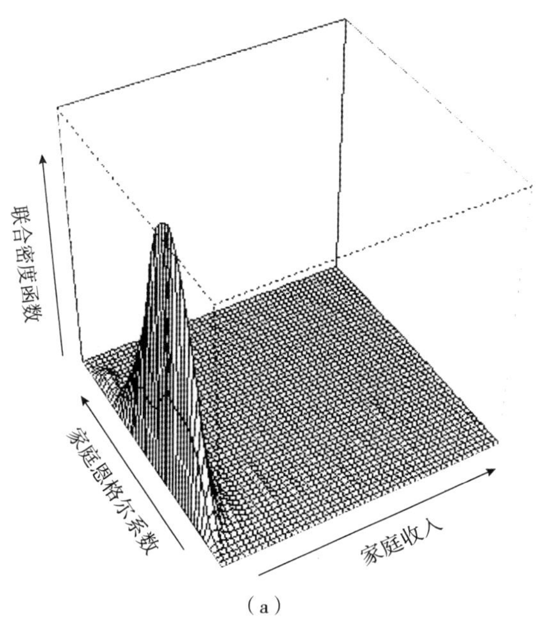

（a）

图 4-12　2009 年发达地区、较发达地区、欠发达地区联合核密度透视图

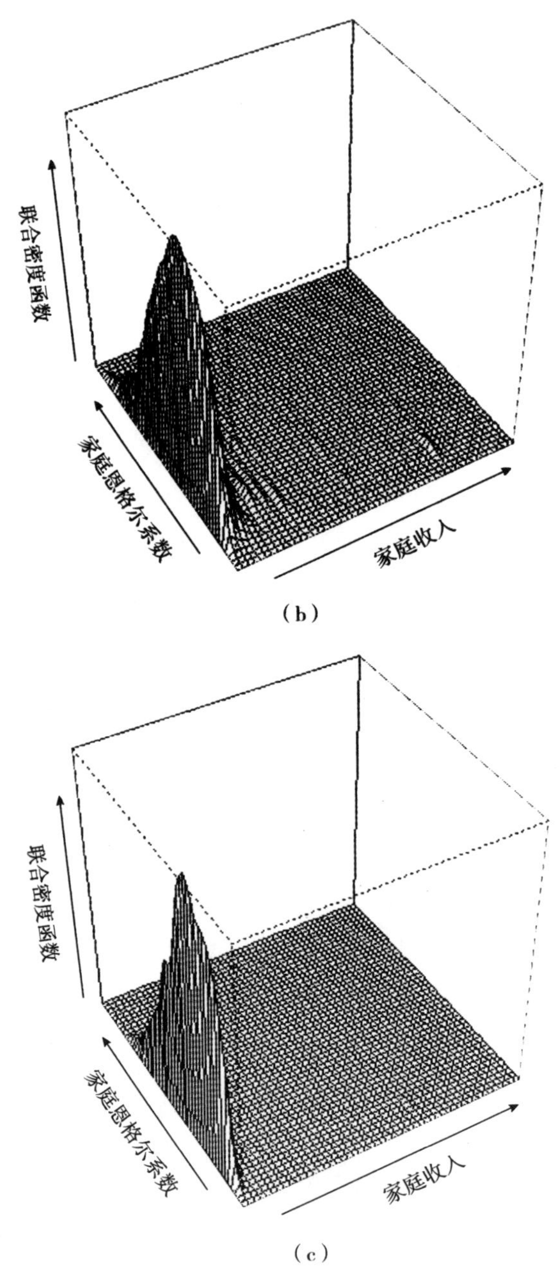

图 4-12　2009 年发达地区、较发达地区、欠发达地区联合核密度透视图（续）

结合前面给出的同时以收入和恩格尔系数界定的中产阶层的上下限标准，即家庭年总收入在均值和三倍标准差之间，恩格尔系数界定的中产阶层在0.3~0.4，可以得到核心中产阶层的比重如表4-3所示。

表4-3　核心中产阶层——收入和消费界定的中产阶层比重　单位：%

年份	全国	城市	农村	发达地区	较发达地区	欠发达地区
2014	10.94	10.87	12.67	9.74	11.32	12.08
2009	10.61	10.49	11.88	10.60	11.05	10.95

显然，由表4-3可以看出，同时满足收入和消费标准的核心中产阶层群体比重相较一个指标构建的边缘中产阶层比重明显变少，无论是2014年还是2009年，也不管是城市、农村，不同发展地区，所有的中产阶层比重都在10%左右。2014年由收入和恩格尔系数共同确定的全国中产阶层群体的比重是10.94%，比2009年略有增加，城市和农村中产阶层群体比重都略微增加，农村比城市增加得稍多一些，说明农村贫富差距相较城市减小。发达地区中产阶层群体的比重反倒减少，说明发达地区中产阶层贫富差距加大，欠发达地区中产阶层比重增加最多，增加了1.13个百分点，说明贫富差距减小。总之，由两个维度确定的核心中产阶层群体的比重要比边缘中产阶层群体比重少很多，这和第三章描述统计得到的结果也是一致的。整体来看，2014年全国中产阶层群体比2009年比重略微增加，说明中产阶层规模略微壮大。发达地区中产阶层群体内部差距拉大，农村和欠发达地区中产阶层群体内部差距缩小。

虽然本书仅以一维度、二维度核密度函数为例对中产阶层比重的测算进行了实证研究，但如果进一步地延伸，根据多重数值积分的逻辑应该可以看出多维度指标采用联合核密度计算中产阶层比重会更小，和第三章的描述统计结果一致，说明方法可行。

第四节　中产阶层比重变动的原因分析

从以上测算中产阶层比重的结果可以看出，中产阶层比重会发生变动，这应该与中产阶层分布的变迁有密切联系，对于其比重变动的原因本书大致认为可以分为三个方面来考虑：标准线的变动，经济增长的改变，收入分配政策的变动以及这三种因素同时变动引起的中产阶层比重的改变。如图 4-13 所示：第一张图是分布曲线图不变，中心也不变，界定中产阶层的标准线变动了，从而导致中产阶层比重的变动，这是标准线变动的原因；第二张图是中产阶层的标准线不变，形状也不变，中心发生了改变，从而导致中产阶层比重的变动，这是经济增长的因素引起的原因；第三张图是分布曲线的中心和标准线都没有变化，由收入分配政策即形状的改变引起中产阶层比重的变动，称为收入分配政策导致中产阶层比重变化的原因。

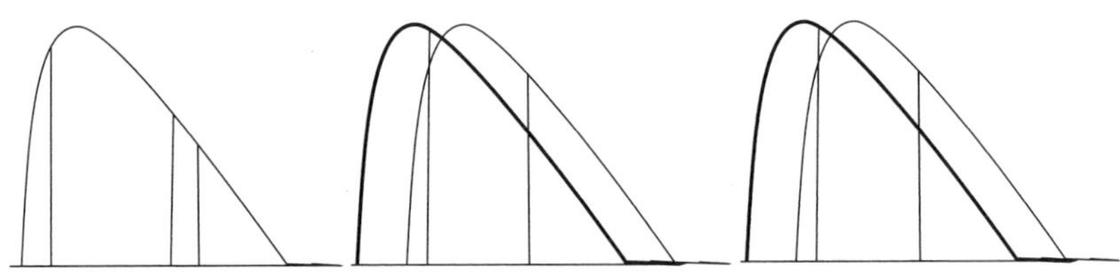

图 4-13　不同时期指标分布密度图

首先，分析收入指标变动影响边缘中产阶层比重变动的情况：随着经济的增长，人们收入水平不断提高，假定其他影响因素不变，居民收入分布曲线会向右侧平移，但形状不变，中产阶层比重会发生改变；收入分配政策发生改变时，人们收入密度曲线会有不同的形状，表现为曲线的陡峭和扁平，即曲线的“胖瘦”，假定其他影响因素不变，居民收入分布曲线会在中心位置不变的基础上呈现出形态的不同，此时中产阶层比重会发生改变；收入标准线界定的中产阶层群体对于特定时期的不同国家或同一个国家的不同地区都是不尽相同的，因此，不同的中产阶层界定的标准会对中产阶层的比重产生较大影响。当然，中产阶层比重的变动是这三个因素同时变动，相互作用的结果。其次，分析消费指标变动影响边缘中产阶层比重改变的情况：消费分布曲线也有位置和形状的变化，当然也应该有一个界定标准，有一个衡量中产阶层的平均消费水平，这些改变都会影响中产阶层比重的变动。尤其是收入变动的时候，消费水平也会随之变动，归根结底，收入是衡量中产阶层指标的重中之重，它会影响消费水平，消费进一步影响中产阶层的比重。再次，其他定量衡量中产阶层的指标诸如财产指标也是会随着分布的形状、位置及标准线的变动而变动，但主要是由于经济增长收入的增加，从而导致财产界定的中产阶层的比重会发生变化。最后，对于收入和消费的同时变动，相应地更会引起核心中产阶层比重的变动。

综上所述，收入在所有界定中产阶层的指标中起着根本性的决定作用，它决定了其他指标但也不能代替其他指标，因为中产阶层不止是一个收入的中等，还包含各方面处于社会中间部分的那部分群体。当然，由于收入地位的重要性，国内外有大量学者研究中等收入群体这个中间阶层的群体。

本章小结

本章介绍了非参数核密度法测算中产阶层的比重。首先，介绍了如何用一维度核密度函数估计测算边缘中产阶层的方法，并将一维度方法拓展至多维度核密度方法中去测算核心中产阶层的比重。其次，鉴于数据的复杂性、可获得性，各指标之间的相关性以及时间维度的不统一性，实证部分仅以一维度和二维度为例对中产阶层的比重进行了测算。即采用 2015 年

CGSS 和 2010 年 CGSS 数据，首先对我国家庭总收入、家庭恩格尔系数界定的边缘中产阶层从全国范围，城镇农村范围，发达地区、较发达地区和欠发达地区范围的比重进行了测度。其次家庭总收入和家庭恩格尔系数两个维度上界定的核心中产阶层的比重分全国、城镇、农村，发达、较发达、欠发达地区进行了实证研究。最后得出的结论是收入和消费边缘中产阶层的比重在 30%左右，而由收入和消费共同决定的核心中产阶层的比重在 10%左右，远小于边缘中产阶层的规模，即多个维度界定的核心中产阶层的比重要小于单个指标界定的边缘中产阶层的比重，同时也说明本书提出的测度中产阶层比重方法的合理性。本章还分析了中产阶层比重变动的原因，收入是所有指标中最重要的影响因素。

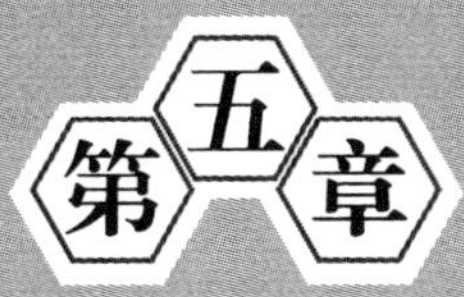

第五章 居民主观阶层认同度及影响因素分析

本章内容从衡量中产阶层指标体系中的主观指标——阶层认同度入手，即从主观认同度视角研究中产阶层群体，考虑居民阶层认同度的现状及居民阶层认同度的影响因素，有助于在现有多指标构建的客观中产阶层研究的背景下，重点衡量主观角度判定的中产阶层的重要性，使主客观标准相互补充，相辅相成，从而提高对中产阶层研究的深入性。此外，研究居民阶层认同度的影响因素，能够使居民更清楚地认清自己的阶层地位，并能找出处于该阶层地位的影响因素。具体分为两个部分：一是分析居民主观阶层认同度的现状，尤其是主观认同为中产阶层群体的情况；二是采用多元回归和有序多分类 Logistic 回归两种方法对居民主观认同度的影响因素进行分析，并比较结果的异同。

第一节 主观阶层认同度现状分析

主观阶层地位认同是人们对自身阶层地位的自我评价，其测度方法主要包括两种：一种是反映社会经济地位的单一指标，另一种是反映不同方面的多元指标。当前，在我国所进行的几个全国性质的社会状况综合调查中，关于阶层认同的测度采用的都是单个指标的研究方法。本章使用的数据仍然是2015年中国综合社会调查（2015年CGSS）的数据。

据报道，中国经济的快速发展进一步增加了中产阶层。据《法制晚报》报道[①]，全球领先的市场信息公司欧睿信息咨询公司称：随着中国经济大踏步地向前发展，中国的中产阶层队伍不断壮大，到2020年，这一数据将达到7亿人。根据国家人口发展战略研究：2020年中国人口将达到14.5亿人。以这种发展速度，中产阶层在十年内会占到总人口的48%以上，这意味着几乎一半的中国人口将成为中产阶层。改革开放以来，我国的经济发生了巨大的变化，人们对自身身份的认同也相应发生了略微的改变。然而，目前我国阶层认同度普遍偏低，且不同阶层有不同的想法：比如工人在近十年来，经济地位一直下降，一方面是因经济发展迅速，工人阶层的需求并没有同步被相应满足。另一方面是本身的资本能力有限，从而阻碍了经济增长速度；服务业的从业者，在自我认同上是把自己和工人、农民放在一起的，同时这个行业流动性较不稳定，导致了自我认同度偏低；越来越多的农民工，比起去外地更愿意留在本地城镇工作，其中“80后”农民工的自我认同度较低，因在城里买房对他们而言压力较大，而要兼顾家里老幼的农民工自我认同度更低。

一、居民整体阶层认同情况

仍然以前面对居民阶层认同度的划分，1~2分定义为下层；3~4分定义为中下层；5~6分定义为中层；7~8分定义为中上层；9~10分定义为上层。由图5-1可知，居民阶层认同度呈现出两头小中间大的分布状态，其中认为自己为中下层和中层的人数最多，分别为3519人、5067人；认为自己为上层的人数最少，只有80人。整体来看，我国居民阶层认同度偏低，主观认同为中产阶层群体占比较大，但中下层偏多。

① 参见搜狐公众平台——财经，http：//mt.sohu.com/20170905/n509808936.shtml。

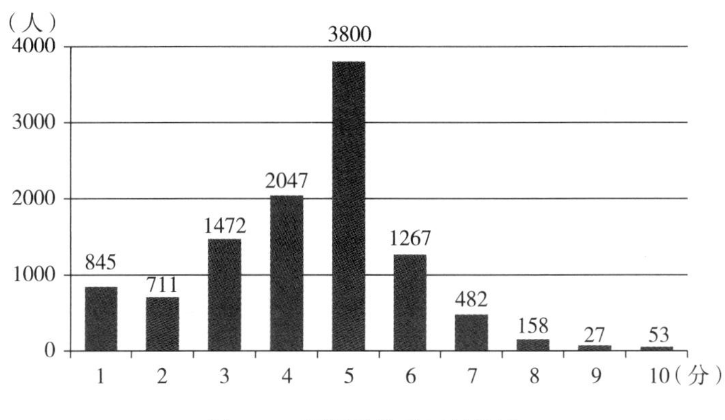

图 5-1　居民整体阶层认同度

二、城乡居民阶层认同情况

使用与上文相同的分层标准，由图 5-2 可知，无论是城镇还是农村的居民认为自己为上层的人数最少；认为自己为下层的人数次少；认为自己为中下层和中层的人数最多。这与整体居民阶层认同情况相一致，即认同为中下层的群体人数较多。同时，每一阶层中农业户口的人数都大于或等于非农业户口的人数，说明目前我国的城乡居民人数不平衡，城镇居民较少，乡村居民较多。

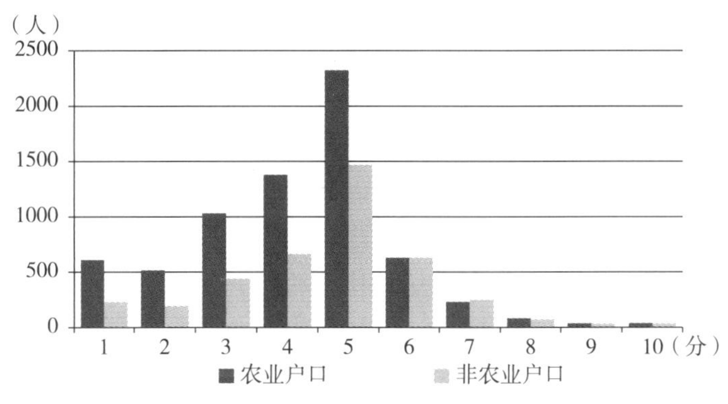

图 5-2　城乡居民认同

三、各分类居民阶层认同情况

表 5-1　各分类阶层认同度　　单位：%

变量	1	2	3	4	5	6	7	8	9	10
性别										
男	8.3	7.0	14.4	18.9	32.5	12.3	4.6	1.4	0.2	0.5
女	7.3	6.1	12.8	18.8	37.2	11.1	4.3	1.5	0.3	0.5
婚姻状况										
已婚	7.5	6.4	13.2	19.2	35.2	11.7	4.5	1.5	0.3	0.5
未婚	9.6	7.2	16.0	16.4	33.6	11.1	4.2	0.9	0.1	0.7
政治面貌										
党员	4.3	3.2	9.8	12.5	37.2	19.5	9.6	3.3	0.5	0.1
非党员	8.2	6.9	14.0	19.6	34.7	10.7	3.8	1.2	0.2	0.5
住房产权										
有产权	7.0	6.9	13.4	19.6	34.5	11.9	4.4	1.6	0.2	0.6
无产权	8.4	6.2	13.7	18.2	35.4	11.5	4.5	1.3	0.3	0.4
经济地位变化										
上升	4.1	4.5	11.6	18.4	38.7	13.8	5.9	2.0	0.3	0.7
差不多	8.1	6.9	14.1	19.0	34.8	11.2	4.0	1.2	0.2	0.4
下降	18.1	11.6	16.7	19.9	23.4	6.8	1.9	1.0	0.3	0.4

使用与上文相同的分层标准，由表 5-1 可知，在性别分类中，男性和女性都认为自己为中下层和中层的人数最多；其次认为自己为下层的居民人数；认为自己是上层的居民数最少。具体来说，女性认为自己处于下层和中下层的比例小于男性，男性认为自己处于中层的比例小于女性，男性和女性认为自己处于中上层和上层的比例相当。这说明，女性的阶层认同度比男性高。在婚姻状况分类中，未婚认为自己处于下层和中下层的比例比已婚大，已婚认为自己处于中层及中上层的比例比未婚大，已婚和未婚认为自己处于上层的比例相同。这体现了已婚的阶层认同度比未婚高。在

政治面貌分类中，党员认为自己处于下层和中下层的比例小于非党员，非党员认为自己处于中层及中上层的比例小于党员，说明党员的阶层认同度高于非党员。在住房产权分类中，有产权的居民各分层的阶层认同度比例与无产权居民差不多。这反映出，住房产权对居民阶层认同影响不大。在经济地位变化分类中，认为自己经济地位比三年前上升的居民认为自己处于中层或中上层的比例较大；而认为自己经济地位比三年前下降的居民认为自己处于中层或中下层的比例较大；认为经济地位与三年前差不多的居民认为自己处于中层或中上层的比例较下层或中下层的比例稍高一点，说明经济地位变化对阶层认同有一定影响。

综上所述，无论是全国，还是城镇、农村，包括各分类的居民认同度都偏低，且认定自己为中产阶层群体的比例相对较多。对于居民阶层认同度的高低，从各分类阶层认同度来看，一些个体特征和经济地位等因素会有影响。

第二节　居民阶层认同度的影响因素分析

上述对中产阶层认同现状进行分析后，接下来将从个人背景、生活经历、制度认同的视角研究居民阶层认同，了解居民阶层认同状况与各影响因素之间的关系，有利于了解不同阶层群体对自我阶层地位的主观感知、定位和认同。

一、假设

为了更好地研究居民阶层认同度的影响因素，首先从社会经济地位、生活经历和制度认同这三个维度做出假设：

1. 社会经济地位假设

这个假设认为居民的阶层认同被自身的社会经济地位所决定。职业、教育和收入都是用于研究必不可少的变量。多元论学者还提出，除了考虑客观经济地位，还应将社会声望等资源的不平等分配对阶层认同的作用考虑在内。然而，在中国的文化背景下，行政级别带来的经济、组织资源等效应也不容忽视，故将其作为个人社会经济地位的影响因素之一。因此，本书所做假设如下：

假设 1：居民的客观社会经济地位越高，主观认同的阶层也越高。

假设 1.1：居民身体状况越健康，主观认同越高。

假设 1.2：居民的文化水平越高，主观认同越高。

假设 1.3：居民的收入越高，主观认同越高。

假设 1.4：居民较同龄人经济地位越高，主观认同越高。

2. 生活经历假设

汤普森认为生活经历和体验是阶级认同产生的基础。汤普森把人们的消费、休闲娱乐、心理感受等看作日常经历的一部分，用生活经历来划分社会阶层。在阶级意识形成时，人们收入和生活水平上升的同时，焦虑感却在增强，他们的内心感受是生活水平的下降。这种现象是“相对剥夺感”。相对剥夺感强的人对自己的阶层有更低的认同也得到了李培林等的证实。另外，生活品位也是生活经历不可缺少的一个方面。综上所述，本书做如下假设：

假设 2：个人的生活经历不同，主观认同不同。

假设 2.1：个人的消费水平越高，主观认同越高。

假设 2.2：个人的相对剥夺感越强，主观认同越低。

假设 2.3：个人的父辈职务级别越高，主观认同越高。

假设 2.4：个人生活品位不同，主观认同也不同。

3. 制度认同假设

国家中心论代表的是一种宏观视角，它强调国家的政策、性质和行为对阶层认同的影响，相关研究也证明了国家政策、行为等因素对阶级意识的形成确实具有显著影响。因此，本维度选择了五个变量对其进行具体化：户口、公平感、信任感、幸福感和公共服务满意度。中国城乡分割的制度，户口不仅承载物质利益的同时，也给予了人们不同的地位。国家政策决定的个人先赋身份，很大程度上会影响人们的阶层认同。此外，对国家各项制度政策的认可度影响着人们公平感、信任感、幸福感及社会公共服务满意度的评价，随着个人主观感受的不同对个人阶层认同的影响也就不同。由于国家制度给个人主观感受带来的影响较大，本书建立的相关假设如下：

假设3：国家制度影响个人的阶层认同。

假设3.1：对于农村户口的人来说，非农业户口的人阶层认同更高。

假设3.2：居民的社会公平感越高，其认同的阶层越高。

假设3.3：居民的社会信任感越高，其认同的阶层越高。

假设3.4：居民的生活幸福感越高，其认同的阶层越高。

假设3.5：居民对社会公共服务满意度越高，其认同的阶层越高。

二、相关概念和变量的选取

1. 相关概念

进一步地，本书将概念做如下处理：

第一，将居民社会阶层结构的认知具体化：居民能够感知到自己所处的社会存在阶层分化，而且存在一些因素影响了居民的阶层地位认同。

第二，将影响居民阶层认同的经济地位因素具体化：居民的健康状况，居民的受教育程度，居民的收入水平，居民的经济地位与同龄人相比情况。

第三，将影响居民阶层认同的生活经历因素操作化为：居民的消费水平，居民的相对剥夺感，居民的父辈职务级别，居民的生活品位。

第四，将居民对国家政策认同度的效应操作化为：居民个人的户籍性质，居民对政府政策的态度，居民对社会关系的态度，居民对国家公共服务的满意度。

2. 变量的选取

问卷中有这样一道题目“您认为自己目前处于哪个等级上?”是本书选取的因变量。从上层到下层依次为 10~1 分，得分高代表阶层认同高，得分低代表阶层认同低。

本书的自变量具体分为以下三组：

第一，衡量社会经济地位的变量。主要包括健康状况、收入、受教育程度、与同龄人相比的经济地位。其中，收入变量是指个人的年收入，为了保证收入变量呈现正态分布，对其进行了对数处理，且使用平均值代替了缺失值。此外，为了便于分析，将受教育程度变量化为几年，当作一个连续变量。

第二，衡量生活经历的变量。包括消费水平、相对剥夺感、父辈职务级别和生活品位。消费水平具体由每月消费支出、人均住房面积和住房产权来测量，用平均数替换每月消费支出的缺失值，并取对数；相对剥夺感采用问卷中“与三年前相比，您的社会经济地位有什么变化?”进行测量，分值高代表相对剥夺感越强，分值低则代表相对剥夺感越弱。本书父辈的职务级别用被受访者 14 岁时父亲的职务级别情况，分为无级别和有级别；测量生活品位时，本书将问卷中的两组量表“过去一年，您对以下媒体的情况是?”和“过去一年，您是否经常在空闲时间从事下列活动?”进行合并，并处理了一些含义相同的选项。活动的频率由高到低赋 5~1 分，采用因子分析法提取了方差贡献度达到 74.5%的五个公因子，将其命名为“阅读因子”“网络因子”“电视因子”“聚会因子”“休闲娱乐因子”，分别表示“在空闲时间经常读书、看报纸和杂志”“空闲时间经常使用互联网或手机上网”“空闲时间看电视或看碟的频率较多”“经常与亲戚或朋友聚会”“经常观看体育比赛或参加文化活动”，具体如表 5-2 所示。

表 5-2　因子分析

旋转后的成分矩阵					
	成分				
	1	2	3	4	5
报纸	0. 872	-0. 148	0. 076	-0. 081	-0. 040
看书/报纸/杂志	-0. 790	0. 239	0. 001	0. 167	0. 196
广播	0. 686	0. 045	0. 046	0. 023	0. 001
互联网（包括手机上网）	0. 140	-0. 927	-0. 058	-0. 086	-0. 020
上网	-0. 103	0. 909	0. 069	0. 137	0. 187
看电视或看碟	0. 031	0. 056	0. 908	-0. 016	0. 027
电视	0. 084	0. 056	0. 904	0. 012	0. 023
与亲戚聚会	-0. 119	0. 026	0. 007	0. 814	0. 141
与朋友聚会	-0. 024	0. 170	-0. 012	0. 813	0. 052
观看体育比赛	-0. 029	0. 130	0. 044	0. 039	0. 817
参加文化活动	-0. 119	0. 038	0. 004	0. 152	0. 783

第三，衡量制度认同的变量。包括由户口性质、公平感、信任感、幸福感及公共服务满意度五个变量组成。

除了上面的因变量和自变量外，本书涉及的控制变量有性别、年龄、婚姻状况和政治面貌。综上所述，各变量的解释如表 5-3 所示：

表 5-3　各变量的解释

变量	均值	标准差	变量性质	解释
阶层认同	4. 27	1. 68	连续	最小值 1，最大值 10
性别	—	—	定类	0=女；1=男
年龄	50. 40	16. 90	连续	最小值 18，最大值 70
婚姻状况	—	—	定类	0=未婚；1=已婚
政治面貌	—	—	定类	0=非党员；1=党员
健康状况	3. 61	1. 07	连续	最小值 1，最大值 5
个人年收入（对数）	14. 26	1. 67	连续	最小值 5. 64，最大值 23. 25
受教育程度	4. 87	3. 11	连续	最小值 1，最大值 13

续表

变量	均值	标准差	变量性质	解释
与同龄人比经济地位情况	—	—	定类	1=较高；2=差不多；3=较低
每月消费支出（对数）	10.71	2.70	连续	最小值0，最大值19.67
人均住房面积	47.49	44.16	连续	最小值0，最大值1200
住房产权	—	—	定类	0=无产权；1=有产权
相对剥夺感	2.23	0.64	连续	最小值1，最大值3
14岁时父亲职务	—	—	定类	0=无级别；1=有级别
阅读因子	-3.46E-08	1	连续	最小值-3.20，最大值3.53
网络因子	7.39E-08	1	连续	最小值-2.98，最大值4.64
电视因子	2.12E-07	1	连续	最小值-10.90，最大值1.59
聚会因子	4.38E-08	1	连续	最小值-13.92，最大值3.33
休闲娱乐因子	1.75E-07	1	连续	最小值-14.10，最大值1.66
户口	—	—	定类	0=非农业户口；1=农业户口
公平感	3.20	1.00	连续	最小值1，最大值5
信任感	3.47	0.96	连续	最小值1，最大值5
幸福感	3.87	0.82	连续	最小值1，最大值5
公共服务满意度	3.09	0.91	连续	最小值1，最大值5

资料来源：2015年《中国综合社会调查》。

三、模型的设定

此处采用多元线性回归模型和多元有序Logistic回归模型两种方法研究居民阶层认同的影响因素，并进行结果的比较，原因是一般线性回归模型适用于因变量是连续型变量，而当因变量是二分类变量或多分类变量时则需要采用Logistic回归模型，本章因变量的取值是从上层到下层10~1分，既可以近似看作连续变量，因而采用普通的多元线性回归模型（OLS），也可以考虑是多个分类定序变量采用定序多项Logistic回归模型。

若采用最小二乘法的回归系数（OLS）进行普通多元线性估计，在分析的过程中将自变量中的分类变量转化为虚拟变量引入模型，模型如下：

$$Y=h_e+h_1x_1+h_2x_2+\cdots+h_kx_k \quad (5-1)$$

其中，x_k 表示各自变量，b_k 为回归系数，是控制其他变量不变而得到的此变量对阶层认同的贡献率。

若采用多元有序 Logistic 回归模型进行估计，因变量有 M 个类别，这需要计算 M~1 个方程，每个类别相对于参考类别，以描述因变量和自变量之间的关系，除了参考类，因变量的每个类别，我们可以写成：

$$g_h(x_1,x_2,\cdots,x_k)=e^{(a_{h0}+b_{h1}x_1+b_{h2}x_2+\cdots+b_{hk}x_k)} \quad (5-2)$$

其中，下标 k 是指特定的 x 自变量，下标 $h=1,2,\cdots,M-1$ 指 Y 因变量的特定值，参考类别 $g_0(x_1,x_2,\cdots,x_k)=1$，Y 等于 h 的任何值，除 h_0 外的概率等于：

$$p(Y=h \mid x_1,x_2,\cdots,x_k)=\frac{e^{(a_{h0}+b_{h1}x_1+b_{h2}x_2+\cdots+b_{hk}x_k)}}{1+\sum_{h=1}^{M-1}e^{(a_{h0}+b_{h1}x_1+\cdots+b_{hk}x_k)}} \quad (5-3)$$

下标 h=1，2，…，M-1，不包括类别 h_0=M 或 0，

$$p(Y=h_0 \mid x_1,x_2,\cdots,x_k)=\frac{1}{1+\sum_{h=1}^{M-1}e^{(a_{h0}+b_{h1}x_1+\cdots+b_{hk}x_k)}} \quad (5-4)$$

下标 h=1，2，…，M-1。

四、居民阶层认同度的影响因素分析

分别采用两个模型对上面三组假设进行验证，建立嵌套模型分别研究每个假设中自变量对因变量的影响，然后建立全因素模型进行居民阶层认同度的影响因素分析，最后比较两个模型的区别和联系。

1. 多元线性回归分析

首先，研究第一类自变量社会经济地位给阶层认同带来的影响，通过构建多元线性回归模型进行分析，如表 5-4 所示，有六个多元回归模型，从 M0~M5。模型 M0 中只有控制变量，可以更加清晰地看出控制变量对阶

层认同的影响程度，模型 M1、M2、M3、M4 是在控制变量的基础上进一步引入了健康状况、受教育程度、个人年收入（取对数）以及经济地位（参照：较低），而模型 M5 是我们设置的全模型，也即将健康状况、受教育程度、个人年收入（取对数）以及经济地位（参照：较低）都加入模型之中，以观察它们的综合影响。从模型的检验结果看，所有模型都通过了显著性检验，体现出各个回归模型结果很好，具有统计学意义。

在模型 M0 中，研究发现性别、年龄、婚姻状况、政治面貌对阶层认同产生了影响。具体而言，在保持其他条件不变时，男性的阶层认同相对于女性更低；年龄对于阶层认同影响的方向不稳定；已婚者的阶层认同高于未婚者；党员的阶层认同高于非党员。将其他相关变量引入后，即从 M0 到 M5，年龄的影响力较小，但回归系数比较稳定；婚姻状况对居民阶层认同的影响是正向的；党员与居民阶层认同之间是正向相关，但其全模型中的影响力很小，说明党员的影响力是通过社会经济地位发挥作用的。侧面说明在中国，党员以政治资本所发挥的影响力越来越小。

引入了健康状况、受教育程度、个人年收入（取对数）以及经济地位（参照：较低）四个变量的模型是从 M1 到 M4。模型显示，各个变量均是阶层认同的影响因素。其中，健康状况每变动 1 个单位居民阶层认同变动 0.283 个单位；受教育程度每变动 1 个单位，居民阶层认同变动 0.114 个单位；个人年收入每变动 1 个对数单位，居民阶层认同变动 0.182 个单位；经济地位的影响较大，相对于认为自己比同龄人经济地位较低，认为自己比同龄人经济地位较高的居民阶层认同会上升 2.154 个单位；认为自己与同龄人经济地位差不多的居民相对于认为自己比同龄人经济地位较低的居民阶层认同上升了 1.156 个单位。四个变量在全模型中依然显著影响因变量，因此，社会经济地位的相关假设都得到了验证。总的来说，就是客观社会经济地位越高，居民阶层认同也越高。其中，个人经济地位是最主要的影响因素。

其次，研究第二类自变量生活经历变量对阶层认同度的影响如表 5-5 所示。其中，关于消费层面的三个变量中，仅有人均住房面积显著影响居民阶层认同，并且影响系数很小；相对剥夺感显著正向影响居民阶层认同，并且影响作用较大，这说明相对剥夺感强的人认为自己的阶层地位较高。

表 5-4　社会经济地位解释阶层认同的 OLS 模型

		M0	M1	M2	M3	M4	M5
性别（参照：女）		-0.147*** (0.032)	-0.185*** (0.031)	-0.181*** (0.031)	-0.204*** (0.031)	-0.155*** (0.029)	-0.216*** (0.029)
年龄		-0.005*** (0.001)	0.002* (0.001)	0.004*** (0.001)	0.000 (0.001)	-0.004*** (0.001)	0.007*** (0.001)
婚姻（参照：未婚）		0.216*** (0.051)	0.196*** (0.051)	0.375*** (0.051)	0.163** (0.051)	0.164** (0.048)	0.223*** (0.048)
党员(参照:非党员)		0.731*** (0.052)	0.662*** (0.052)	0.357*** (0.055)	0.567*** (0.052)	0.480*** (0.049)	0.230*** (0.051)
健康状况		—	0.283*** (0.015)	—	—	—	0.151*** (0.015)
受教育程度		—	—	0.114*** (0.006)	—	—	0.062*** (0.006)
个人年收入(取对数)		—	—	—	0.182*** (0.010)	—	0.077*** (0.010)
经济地位（参照：较低）	较高	—	—	—	—	2.154*** (0.071)	1.871*** (0.071)
	差不多	—	—	—	—	1.156*** (0.031)	1.019*** (0.031)
截距		4.367*** (0.056)	3.029*** (0.092)	3.278*** (0.080)	1.589*** (0.158)	3.563*** (0.056)	1.183*** (0.158)
调整后的 R^2		2.0%	4.9%	5.2%	5.1%	1.6%	18.9%
F 值		56.95	113.58	119.36	117.47	345.72	281.21
N		10862	10862	10862	10857	10862	10857

注：表内数字为未标准化的回归系数，括号内是标准误；* P<0.05，** P<0.01，*** P<0.001。

生活品位的五个因子明显影响阶层认同，同时在统计上是显著的。且“阅读因子”和“电视因子”对居民阶层认同是正向影响。经常读书、看报纸和杂志，并看电视或看碟的频率较高是生活品位高的表现，主观认同阶层较高。“网络因子”和“聚会因子”负向影响居民阶层认同。较少使用互联网或手机，与亲戚或朋友聚会的频率较低都是生活品位高的体现，则阶层认同也越高。“休闲娱乐因子”在全模型中的影响作用较小，说明“休闲娱乐因子”不是影响居民阶层认同的主要原因。除此之外，父亲的职务级别也显著正向影响阶层认同。认同阶层随着父亲职务级别的升高而升高。综上所述，居民的相对剥夺感越强、生活品位越高、父亲职务级别越高，阶层认同越高。相对剥夺感及生活品位是影响居民阶层认同的主要因素。

表 5-5　生活经历解释阶层认同的 OLS 模型

变量	M0	M1	M2	M3	M4
性别（参照：女）	-0.147*** (0.032)	-0.157*** (0.033)	-0.154*** (0.031)	-0.194*** (0.031)	-0.204*** (0.033)
年龄	-0.005*** (0.001)	-0.006*** (0.001)	-0.004*** (0.001)	0.004* (0.001)	0.004** (0.001)
婚姻（参照：未婚）	0.216*** (0.051)	0.218*** (0.052)	0.193*** (0.051)	0.291*** (0.051)	0.283 (0.054)
党员（参照：非党员）	0.731*** (0.052)	0.731*** (0.052)	0.727*** (0.052)	0.394*** (0.053)	0.371*** (0.055)
每月消费支出（取对数）	—	0.003 (0.006)	—	—	-0.005 (0.006)
人均住房面积	—	0.001*** (0.000)	—	—	0.002*** (0.000)
住房产权（参照：无产权）	—	0.044 (0.034)	—	—	0.032 (0.034)
相对剥夺感	—	—	0.262*** (0.017)	—	0.257*** (0.018)
阅读因子	—	—	—	0.224*** (0.016)	0.233*** (0.017)
网络因子	—	—	—	-0.239*** (0.020)	-0.252*** (0.021)
电视因子	—	—	—	0.071*** (0.016)	0.057*** (0.016)

续表

变量	M0	M1	M2	M3	M4
聚会因子	—	—	—	-0.174*** (0.016)	-0.162*** (0.016)
休闲娱乐因子	—	—	—	-0.080*** (0.015)	-0.080*** (0.016)
14 岁时父亲的职务级别（参照：无级别）	—	—	—	0.193* (0.093)	0.185* (0.092)
截距	4.367*** (0.056)	4.282*** (0.087)	3.787*** (0.068)	3.926*** (0.070)	3.328*** (0.104)
调整后的 R^2	2.0%	2.2%	4.1%	6.4%	8.4%
F 值	56.95	35.47	92.87	75.71	67.46
N	10862	10859	10862	10862	10175

注：表内数字为未标准化的回归系数，括号内是标准误；* P<0.05，** P<0.01，*** P<0.001。

表 5-6 是从制度认同角度解释主观阶层认同。结果表明，户口对居民阶层认同的影响十分明显。农业户口的居民阶层认同低于非农业户口的居民。国家制度政策的效应同样具有重大作用。具体而言，居民的社会公平感每变动 1 个单位，主观阶层认同会变动 0.108 个单位，且在统计上显著；居民的社会信任感每增加 1 个单位，主观阶层认同会上升 0.029 个单位，并在统计上显著。居民的社会幸福感每增加 1 个单位，主观阶层认同会上升 0.444 个单位，在统计结果上呈现显著。公共服务满意度作为国家政策的表现形式之一，在社会中的认同效应是非常强的。在引入公共服务满意度后发现，居民的公共服务满意度每增加 1 个单位，主观阶层认同会上升 0.057 个单位，变量在模型的统计上同样显著。综上所述，所有假设都得到了直接证实，其中影响作用最为明显的是户口性质和社会幸福感。

表 5-6　制度认同解释阶层认同的 OLS 模型

变量	M0	M1	M2	M3	M4
性别（参照：女）	-0.147*** (0.032)	-0.136*** (0.032)	-0.139*** (0.031)	-0.154*** (0.032)	-0.133*** (0.030)

续表

变量	M0	M1	M2	M3	M4
年龄	-0.005 *** (0.001)	-0.006 *** (0.001)	-0.005 *** (0.001)	-0.004 *** (0.001)	-0.006 *** (0.001)
婚姻（参照：未婚）	0.216 *** (0.051)	0.297 *** (0.051)	0.143 ** (0.049)	0.215 *** (0.051)	0.219 *** (0.049)
党员（参照：非党员）	0.731 *** (0.052)	0.602 *** (0.053)	0.612 *** (0.050)	0.718 *** (0.052)	0.490 *** (0.051)
户口（参照：非农业）	—	-0.408 *** (0.033)	—	—	-0.376 *** (0.032)
公平感	—	—	0.108 *** (0.012)	—	0.106 *** (0.012)
信任感	—	—	0.029 * (0.014)	—	0.031 * (0.013)
幸福感	—	—	0.444 *** (0.017)	—	0.428 *** (0.017)
公共服务满意度	—	—	—	0.057 *** (0.006)	0.029 *** (0.006)
截距	4.367 *** (0.056)	4.601 *** (0.059)	2.300 *** (0.090)	4.203 *** (0.059)	2.514 *** (0.091)
调整后的 R^2	2.0%	3.4%	9.7%	2.7%	11.1%
F 值	56.95	76.86	168.38	61.40	151.66
N	10862	10862	10862	10862	10862

注：表内数字为未标准化的回归系数，括号内是标准误；* P<0.05，** P<0.01，*** P<0.001。

最后，引入所有自变量、控制变量所得到的全因素多元线性回归模型，可以观察各个自变量对因变量的综合影响。模型结果如表 5-7 所示，四个控制变量在统计上都显著。男性的阶层认同低于女性；已婚居民阶层认同高于未婚居民；党员的阶层认同高于非党员。在经济地位方面，四个变量在统计上都是显著的，健康状况越好，受教育程度越高，个人收入越高，经济地位越高，阶层认同也越高。认为自己经济地位比同龄人较高和差不多的人比认为自己经济地位比同龄人较低的人阶层认同高。这与前面的模型结果相一致。在生活经历方面，除住房产权、“电视因子”和 14 岁时父亲的职务级别外，其他自变量皆对因变量有显著影响。其中，人均住房面积、相对剥夺感、“阅读因子”与阶层认同呈正相关；每月消费支出、网络因子、聚会因子、休闲娱乐因子与阶层认同呈负相关。与前面的模型结果不同的是每月消费支出由不显著变成了显著，“电视因子”和14岁时父亲的职务级别由显著变成了不显著。在制度认同方面，除信任感外，其余变量均在统计上显著。与之前模型结果不同的是信任感不再显著。综上所述，在全因素模型中也基本证实了假设，即经济地位越高，生活品位越高，国家制度认同越高则阶层认同就越高。从整体看，全因素模型中影响作用最为明显的是经济地位、相对剥夺感和社会幸福感。

表 5-7　全因素多元线性分析

性别 （参照：女）	年龄	婚姻 （参照：未婚）	党员 （参照：非党员）	健康状况
-0.215 ** (0.030)	0.004 *** (0.001)	0.208 *** (0.049)	0.126 * (0.052)	0.092 *** (0.015)
受教育程度	个人年收入 (取对数)	经济地位 (参照:较低)较高 差不多	每月消费支出 (取对数)	人均住房面积
0.035 *** (0.007)	0.063 *** (0.010)	1.582 *** (0.074) 0.829 *** (0.033)	-0.012 * (0.005)	0.001 *** (0.000)
住房产权 （参照：无产权）	相对剥夺感	阅读因子	网络因子	电视因子
0.038 (0.031)	0.130 *** (0.016)	0.083 *** (0.017)	-0.058 ** (0.021)	0.005 (0.015)
聚会因子	休闲娱乐因子	14岁时父亲的职务级别(参照:无级别)	户口 （参照：非农业）	公平感
-0.064 *** (0.015)	-0.051 *** (0.015)	0.077 (0.085)	-0.102 ** (0.036)	0.078 *** (0.012)

信任感	幸福感	公共服务满意度	截距	调整后的 R^2	F值	N
0.021 (0.013)	0.243 *** (0.017)	0.017 ** (0.006)	0.572 ** (0.198)	22.4%	124.83	10276

注：表内数字为未标准化的回归系数，括号内是标准误；* P<0.05，** P<0.01，*** P<0.001。

2. 多元有序 Logistic 回归分析

为了对多元线性回归模型的结果做进一步的检验，本书还使用多元有序 Logistic 回归模型。与多元线性回归模型中的处理方法一致，首先，先研究第一类自变量社会经济地位对居民阶层认同度的影响，如表 5-8 所示，从中可以看出，M0 是基准模型，M1 至 M4 分别纳入了健康状况、受教育程度、个人年收入（取对数）以及经济地位（参照：较低）四个变量。与多元线性模型相比，各自变量在统计上仍然显著。不同的是，相对于女性来说，男性阶层认同度较高；相对于未婚居民，已婚居民的阶层认同度低；相对于非党员来说，党员的阶层认同度低；认为自己经济地位较高和差不多的居民比认为自己经济地位较低的居民阶层认同度低。在 Logistic 回归模型中影响作用最大的是经济地位，这与多元线性模型的结果相一致。

表 5-8 社会经济地位解释阶层认同的 Logistic 模型

变量	M0	M1	M2	M3	M4	M5
性别（参照：女）	0.165*** (0.035)	0.213*** (0.035)	-0.181*** (0.031)	0.239*** (0.035)	0.179*** (0.035)	0.267*** (0.036)
年龄	-0.006*** (0.001)	0.002* (0.001)	0.005*** (0.001)	0.000 (0.001)	-0.005*** (0.001)	0.009*** (0.001)
婚姻（参照：未婚）	-0.247*** (0.056)	-0.225*** (0.056)	-0.452*** (0.057)	-0.187** (0.057)	-0.222*** (0.057)	-0.310*** (0.058)
党员（参照：非党员）	-0.902*** (0.058)	-0.834*** (0.058)	-0.445*** (0.062)	-0.722*** (0.059)	-0.654*** (0.059)	-0.280*** (0.062)
健康状况	—	0.332*** (0.018)	—	—	—	0.188*** (0.018)
受教育程度	—	—	0.140*** (0.007)	—	—	0.088*** (0.007)
个人年收入（取对数）	—	—	—	0.214*** (0.011)	—	0.099*** (0.012)

续表

变量		M0	M1	M2	M3	M4	M5
经济地位（参照：较低）	较高	—	—	—	—	-2.768*** (0.088)	-2.449*** (0.090)
	差不多	—	—	—	—	-1.410*** (0.039)	-1.266*** (0.040)
P 值		0.000	0.000	0.000	0.000	0.000	0.000
R^2		2.4%	5.5%	6.1%	5.7%	17.1%	20.4%
N		10862	10862	10862	10862	10862	10862

注：表内数字为未标准化的回归系数，括号内是标准误；* P<0.05，** P<0.01，*** P<0.001。

其次，研究第二类自变量生活经历变量对居民阶层认同度的作用，如表 5-9 所示，仍以 M0 为基准模型，M1 至 M3 分别将每月消费支出（取对数）、人均住房面积、住房产权（参照：无产权）、相对剥夺感、生活品位因子及父亲职务级别纳入模型。除每月消费支出和住房产权外，各自变量在统计上仍然显著。这与多元线性模型所得结果相同。不同的是，相对于父亲职务级别是无级别的居民，父亲职务有级别的人居民认同度更低。在 Logistic 回归模型中影响作用最大的是相对剥夺感，这与多元线性模型的结果相一致。

表 5-9　生活经历解释阶层认同的 Logistic 模型

变量	M0	M1	M2	M3	M4
性别（参照：女）	0.165*** (0.035)	0.171*** (0.036)	0.174*** (0.001)	0.224*** (0.036)	0.239*** (0.038)
年龄	-0.006*** (0.001)	-0.007 (0.001)	-0.005*** (0.001)	0.004** (0.001)	0.004** (0.001)
婚姻（参照：未婚）	-0.247*** (0.056)	-0.253*** (0.057)	-0.224*** (0.056)	-0.350*** (0.059)	-0.354 (0.060)
党员（参照：非党员）	-0.902*** (0.058)	-0.903*** (0.058)	-0.901*** (0.058)	-0.501*** (0.064)	-0.496*** (0.064)

续表

变量	M0	M1	M2	M3	M4
每月消费支出（取对数）	—	0.007 (0.006)	—	—	-0.001 (0.007)
人均住房面积	—	0.002*** (0.000)	—	—	0.002*** (0.000)
住房产权（参照：无产权）	—	-0.027 (0.034)	—	—	-0.019 (0.038)
相对剥夺感	—	—	0.322*** (0.021)	—	0.326*** (0.022)
阅读因子	—	—	—	0.271*** (0.019)	0.290*** (0.019)
网络因子	—	—	—	-0.292*** (0.024)	-0.309*** (0.024)
电视因子	—	—	—	0.082*** (0.018)	0.068*** (0.018)
聚会因子	—	—	—	-0.192*** (0.018)	-0.185*** (0.018)
休闲娱乐因子	—	—	—	-0.099*** (0.018)	-0.096*** (0.018)
14岁时父亲的职务级别（参照：无级别）	—	—	—	-0.237* (0.105)	-0.234* (0.106)
P值	0.000	0.000	0.000	0.000	0.000
R^2	2.4%	2.6%	4.5%	7.1%	9.3%
N	10862	10862	10862	10862	10862

注：表内数字为未标准化的回归系数，括号内是标准误；* 表示 P<0.05，** 表示 P<0.01，*** 表示 P<0.001。

再次，将第三类自变量引入 Logistic 回归模型中，如表 5-10 所示，同样以 M0 为基准模型，M1 至 M3 分别将户口（参照：非农业）、公平感、信任感、幸福感和公共服务满意度纳入模型。结果表明，与多元线性模型相比，各自变量在统计上仍然显著。不同的是，相对户口性质是非农业来说，户口性质是农业的居民阶层认同度更高。在 Logistic 回归模型中影响作用最大的是幸福感，这与多元线性模型的结果相一致。

表 5-10　制度认同解释阶层认同的 Logistic 模型

变量	M0	M1	M2	M3	M4
性别（参照：女）	0.165*** (0.035)	0.153*** (0.035)	0.151*** (0.035)	0.175*** (0.035)	0.146*** (0.035)
年龄	-0.006*** (0.001)	-0.007*** (0.001)	-0.006*** (0.001)	-0.006*** (0.001)	-0.007*** (0.001)
婚姻（参照：未婚）	-0.247*** (0.056)	-0.345*** (0.057)	-0.171** (0.057)	-0.247*** (0.056)	-0.265*** (0.057)
党员（参照：非党员）	-0.902*** (0.058)	-0.749*** (0.059)	-0.768*** (0.059)	-0.891*** (0.058)	-0.620*** (0.060)
户口（参照：非农业）	—	0.499*** (0.037)	—	—	0.471*** (0.037)
公平感	—	—	0.124*** (0.014)	—	0.122*** (0.014)
信任感	—	—	0.048** (0.016)	—	0.051** (0.016)
幸福感	—	—	0.584*** (0.022)	—	0.567*** (0.022)
公共服务满意度	—	—	—	0.066*** (0.007)	0.037*** (0.007)
P 值	0.000	0.000	0.000	0.000	0.000
R^2	2.4%	4.1%	10.9%	3.2%	12.5%
N	10862	10862	10862	10862	10862

注：表内数字为未标准化的回归系数，括号内是标准误；* 表示 P<0.05，** 表示 P<0.01，*** 表示 P<0.001。

最后，表 5-11 是引入所有控制变量、自变量而得到的全因素 Logistic 回归模型，通过这个模型可以观察各个自变量对因变量的综合影响。结果显示，与全因素多元线性模型相比，控制变量中各变量在统计上仍然显著。不同的是，相对于女性来说，男性阶层认同度会上升；相对于未婚，已婚居民的阶层认同度会下降；相对于非党员，党员的阶层认同度会下降。经济地位各变量也依然显著。但是，相对于与同龄人比认为自己经济地位较低的居民，认为自己经济地位较高和差不多的居民阶层认同度却下降。生活经历各变量中，每月消费支出由显著变成了不显著，其余变量的显著性和多元线性模型相同。制度认同各变量中，信任感从不显著变成了显著，其他变量显著性与多元线性模型相同。在全因素 Logistic 回归模型中影响作用最大的也是经济地位、社会幸福感和相对剥夺感，这与多元线性模型的结果相一致。多元线性模型与 Logistic 回归模型出现较小差异的原因或许是因变量要求的不同，抑或是其他原因有待进一步研究。

表 5-11　全因素 Logistic 回归分析

性别 （参照：女）	年龄	婚姻 （参照：未婚）	党员 （参照：非党员）	健康状况
0.268*** (0.037)	0.006** (0.002)	-0.294*** (0.060)	-0.199** (0.063)	0.101*** (0.018)
受教育程度	个人年收入 （取对数）	经济地位 （参照：较低）	每月消费支出 （取对数）	人均住房面积
0.054*** (0.008)	0.087*** (0.012)	较高 差不多 -2.104*** (0.091) -1.054*** (0.041)	-0.012 (0.007)	0.002*** (0.000)
住房产权 （参照：无产权）	相对剥夺感	阅读因子	网络因子	电视因子
-0.027 (0.037)	0.173*** (0.020)	0.107*** (0.021)	-0.083*** (0.026)	0.012 (0.018)
聚会因子	休闲娱乐因子	14 岁时父亲的职务级别（参照：无级别）	户口 （参照：非农业）	公平感
-0.087*** (0.018)	-0.070*** (0.018)	-0.080 (0.107)	-0.080** (0.107)	0.096*** (0.014)

信任感	幸福感	公共服务满意度	P 值	R^2	N
0.044** (0.016)	0.336*** (0.022)	0.021** (0.007)	0.000	24.5%	108

注：表内数字为未标准化的回归系数，括号内是标准误；* 表示 P<0.05，** 表示 P<0.01，*** 表示 P<0.001。

3. 模型结论

在经过多元线性回归模型和有序多分类 Logistic 回归模型的检验后，发现从总体上看，社会经济地位、生活经历和制度认同对居民阶层认同有影响。但是，生活经历中的每月消费支出和住房产权并不产生影响。具体来看，当个体的经济地位越高时，其阶层地位认同更高；居民的生活品位越高，则其阶层认同更高；同时当个体的国家制度认同越高时，其阶层地位认同会更高。至此，假设 1、假设 3 得到验证，假设 2 得到部分验证。但是，多元线性模型与 Logistic 回归模型存在一些不同程度的差异，但总体都表明个人特性、经济地位、生活经历和制度方面都对居民阶层认同度有影响，

本章小结

本章仍以 2015 年全国社会综合调查的数据为基础，研究了居民阶层认同度的现状及影响因素。得出的结论如下：第一，从居民阶层认同度现状的描述性统计分析可以得出：整体的情况是，我国居民阶层认同度偏低，且居民阶层认同度呈现两头小中间大的分布状态，其中认为自己为中下层和中层的人数最多，即主观认同为中产阶层群体的人数还是较多的，认为自己为下层或上层的人数最少；从各分类情况看，女性的阶层认同度整体比男性高，已婚的阶层认同度比未婚高，党员的阶层认同度比非党员高，住房产权对居民阶层认同影响不大，一定程度上也体现了经济地位变化对阶层认同的影响。第二，在居民阶层认同度的影响分析实证模型中得到：除性别、年龄、婚姻状况和政治面貌之外，对居民阶层认同造成影响的因素包括经济地位、生活经历和制度认同。经济地位是影响居民阶层认同度的重要因素，并且社会经济地位越高，主观认

同阶层也就越高；生活经历也是影响居民阶层认同度的重要因素，生活品位越高，个人主观认同的阶层越高；国家制度一样是影响居民阶层认同度的重要因素，居民的社会公平感、社会信任感、社会幸福感和公共服务满意度越高，即对国家的制度认同度越高，个人的认同阶层越高。

第六章 基于宏观层面数据分析中产阶层的变迁

本章将采用宏观层面数据对中产阶层的主要构成指标即职业、收入和消费进行边缘中产阶层的变迁分析。首先，采用人口普查数据对职业边缘中产阶层进行不同年份的变迁分析。其次，采用城镇七分组数据和农村五分组数据将函数型数据的基展开和函数型主成分分析的方法引入收入和消费边缘中产阶层的变迁分析中进行定量研究。

第一节 职业边缘中产阶层变迁的分析

社会结构有“金字塔形”，即顶层呈现尖端状，上层阶层少，下层阶层很大；“橄榄形”或“纺锤形”是以中产阶层为主体，上层和下层比例都较小的社会结构；“倒丁字形”是一个巨大的处在很低社会地位上的群体，一系列处在不同社会地位上的阶层构成了一个很长的支柱形群体。“土字形”是跟“倒丁字形”近似的一种社会结构。李强（2015）通过比较全国第五次和第六次人口普查的ISEI资料，得出中国社会结构基本上是一种比“金字塔形”结构还要糟糕的“倒丁字形”或“土字形”结构。但贺雪峰（2017）认为，李强将表面上的中国职业分层量表化形成的图式直接套用为中国社会结构是错误的，中国存在的城乡二元体制使得我国的社会结构与一般发展中国家性质完全不同，所以并不存在“倒丁字形”的社会结构，而是“类纺锤形”结构。

本章采用国家第三次、第四次、第五次、第六次人口普查资料有关职业调查的数据对社会各阶层结构进行分析，研究职业中产阶层的变迁。虽然仅用职业作为社会分层的指标有一定的局限性，但职业具有直观性，而且职业也是社会分工的具体体现。为了更简洁明了，本书并没有像李强等将人口普查中的职业分类数据转换成国际社会经济地位指数（ISEI）的数值，因为这与 ISEI 方法本质上没有太大的区别。按照前面界定的职业中产的标准，将四次人口普查资料进行职业中产核算，数据如表 6-1 所示。

从表 6-1 中的数据可以看出：从 1982 年第三次人口普查到 2010 年的第六次人口普查社会阶层结构数据来看，国家机关、企事业单位负责人、各类专业技术人员、办事相关人员，商业、服务业人群都在增长，尤其是商业、服务业人群增速最快；生产、设备操作人群是先少量下降后又升高；农、林、牧、渔、水利业生产人员则是大幅度下降，从 1982 年的 72%下降到 2010 年的 48.3%；但总体来说，农、林、牧、渔、水利业生产人员除 2010 年在社会阶层结构占据基本接近一半外（2010 年为 48.3%），其他普查数据中都是占据一半以上。

根据前文界定的属于中产阶层的职业分类标准结合表 6-1 可以看出：1982~2010 年，属于职业边缘中产阶层的国家机关、党群组织、企业、事业单位负责人，专业技术人员，办事人员和有关人员一直稳定增长，1982 年职业中产阶层比重为 8%，2010 年比重达到 12.9%。此外，2010 年与 1982 年相比，这三类属于中产阶层的职业中，国家机关、党群组织、企业、事业单位负责人增加 0.13 倍；专业技术人员增加 0.33 倍；办事人员和有关人员增加最多，增加了 2.31 倍，说明办事人员和有关人员正在快速增长，2010 年已经占到所有职业的 6.8%，这些人员和专业技术人员以高学历和脑力劳动为特点，他们分散在各行各业中，但总体人数还不多。

表 6-1　1982~2010 年中国社会阶层结构变迁　　单位：%

职业（七大类）	2010 年	2000 年	1990 年	1982 年
一、国家机关、党群组织、企业、事业单位负责人	1.8	1.7	1.8	1.6
二、专业技术人员	6.8	5.7	5.3	5.1
三、办事人员和有关人员	4.3	3.1	1.7	1.3
四、商业、服务业人员	16.2	9.2	5.4	4
五、农、林、牧、渔、水利业生产人员	48.3	64.5	70.6	72
六、生产、设备操作人员及有关人员	22.5	15.8	15.2	16
七、军人、不便分类的其他劳动者	0.1	0.1	0.1	0.1
一、二、三类总和（职业中产）	12.9	10.5	8.8	8

注：这个职业分类标准是国家统计局、国家标准总局、国务院人口普查办公室 1982 年 3 月公布的，供之后的人口普查使用的《职业分类标准》。该标准将全国职业划分为大类、中类、小类三层，即 8 大类、64 中类、301 小类。在第一、第二大类主要是脑力劳动者，第三大类包括部分脑力劳动者和部分体力劳动者，第四、第五、第六、第七大类主要是体力劳动者，第八类是不便分类的其他劳动者。本表将第七（军人大类）大类合并到了第八大类中。

资料来源：根据人口普查资料整理得到。

为了形象地展现职业阶层结构的变迁，本书绘制了 1982 年到 2010 年社会阶层结构图，分别如图 6-1、图 6-2、图 6-3、图 6-4 所示。图中显示：近年来，中国的总体社会结构一直呈现“丁字形”的变化趋势，但第六次人口普查资料（2010 年）显示的社会结构分布稍见转好，职业界定的边缘中产阶层的比重在逐年增加，从 1982 年的 8%增加到 2010 年的 12.9%，但其该比例还是比较小的；1990 年相较于 1982 年社会各阶层均有变化，但变化幅度较为平稳，说明在这段时间里，虽然已经实行了改革开放，但政策变量具有不确定性和滞后性。除了农、林、牧、渔、水利业生产人员和生产、设备操作人员及有关人员比重略微下降外（分别下降 1.4 个百分点和 0.8 个百分点），其他职业分类均有小幅上升。由国家机关、党群组织、企业、事业单位负责人，专业技术人员和办事人员三类职业构成的中产阶层比例上升了 0.8 个百分点；2000 年相较于 1990 年社会各阶层变化幅度略微增大。构成中产阶层群体的三个职业中国家机关、党群组织、企业、事业单位负责人比重略微减小 0.1 个百分点，专业技术人员，办事人员和有关人员比重增加，其中，办事人员和有关人员增幅较大，达到 1.4 个百分点。商业、服务业人员增幅也较大，上涨约 4 个百分点。农、林、牧、渔、水利业生产人员降幅较大，下降约为 6 个百分点，说明在这段时间里，社会主义市场经济体制的确立，国有企业改革和产业结构转型等都对社会阶层变迁起着重要的推动作用；相较于 2000 年，2010 年社会各阶层的变化幅度更加明显，构成中产阶层的三类职业人员中，专业技术人员增幅较大，增加 1.1 个百分点。商业、服务业人员大幅增加，农、林、牧、渔、水利业生产人员巨幅减少约 16 个百分点，说明这段时间里，受人口大迁移，产业结构深度转型等因素影响，劳动者和工人阶层挤出效应明显，商业、服务业人员得到更大的补充，增幅较大。

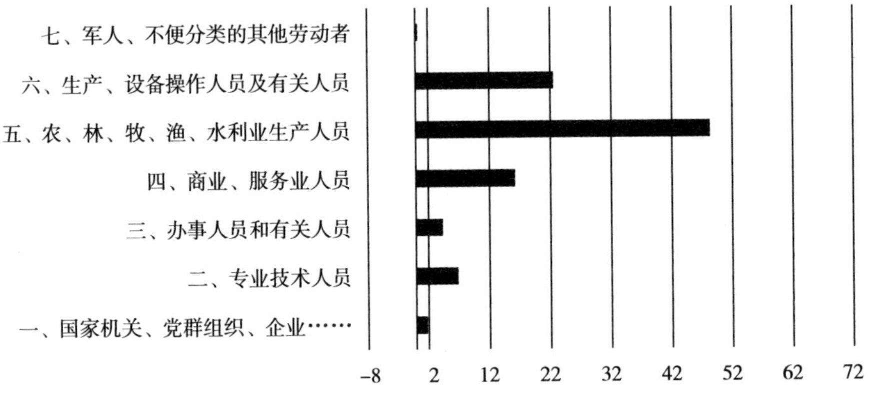

图 6-1　2010 年社会阶层结构

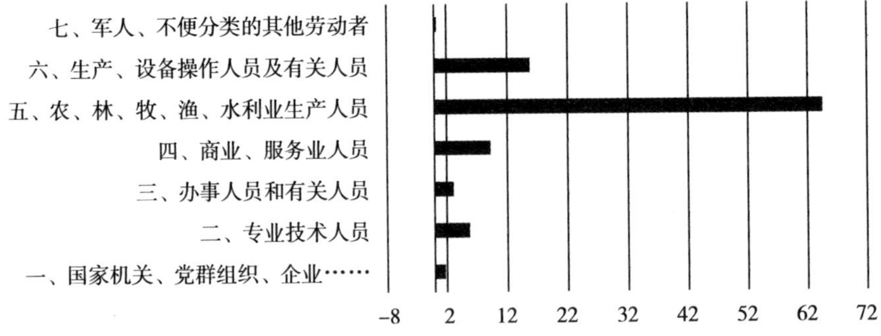

图 6-2　2000 年社会阶层结构

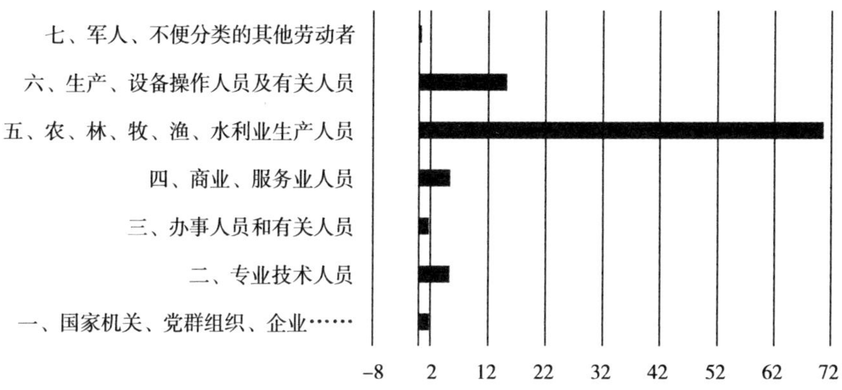

图 6-3　1990 年社会阶层结构

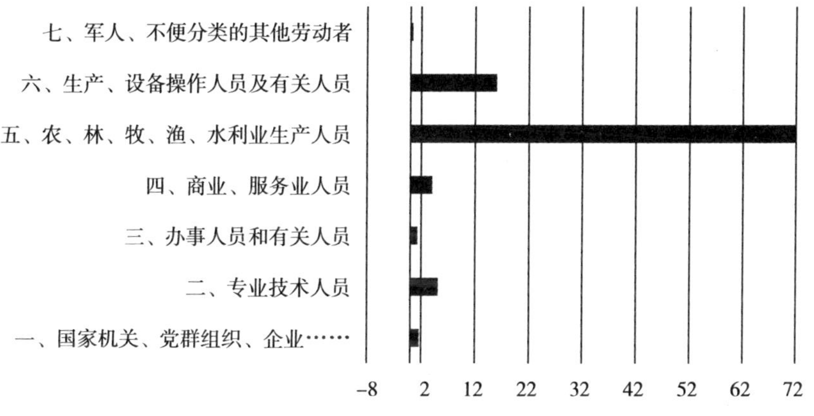

图 6-4　1982 年社会阶层结构

第二节　函数型数据的分析方法

函数型数据分析的基本思想是将每一个样本观测看成是一个整体，所以其首要的工作就是把离散数据转化为一个函数，然后根据函数代表的曲线去研究数据内部的变化规律。这种分析方法相较于传统的数据分析方法在某些方面有更多的优越性，一方面能够揭示其他方法所不能揭示的数据特征，另一方面具有比较优势。具体表现为：函数型数据分析方法使用较少的假设来研究曲线间和曲线内部的结构变化。在实践中，经济数据的产生过程往往不具备其他量化分析方法需要的假设前提，因而限制了一些方法的应用；函数型数据主成分的分析方法能够揭示经济变量的动态演变规律，既能显示数据间的相关程度又能呈现数据的时段特征。然而，函数型分析方法所涉及的数据多是生物、医学及工程领域，很少考虑经济领域的数据，因为经济数据具有收集过程难以控制的特点。调查获得的数据误差较大，有些金融数据是高频数据，但其“噪声”也多，因而若在经济领域中应用函数型数据的分析方法需要将方法和结果相结合来研究。在经济数据分析中，学者们常需要找感兴趣的变量随时间推移而变化的主要变异方式，同时又想知道多少个这样的变化方式或形态可以较好地拟合原始曲线样本，即需要通过确定曲线数据的典型函数特征探讨数据变异的主要成分。函数型主成分分析就能很好地解决这种问题，本节要研究主要指标构成的中产阶层的变化规律，想从时间上去看中产阶层的变迁趋势，所以把函数型数据主成分法引入本书，可以说是一种应用的创新，结果值得商榷。

一、函数型数据的基展开

从目前函数型数据分析方法应用领域看，涉及经济学领域的探索并不多见。本质思想是将每一个样本观测看作是一个整体，而不是个体观测者的序列，将具有函数特征的观测数据视为无穷维函数空间中的元素来进行处理和分析。

函数型数据基展开的步骤如下：

首先，给出原始离散数据：$(t_1,y_1),(t_2,y_2),\cdots,(t_n,y_n)$

其次，试图用一个连续的函数 $x(t)$，拟合上述的离散点，即 $y=x(t)$，可以采用一组基函数的线性组合来拟合函数 $x(t)=\sum c_i\phi_i(t)=c^T\phi$，且基函数满足连续和匀滑条件。匀滑处理方法有两种：一种是用傅里叶基（适用于周期性数据）、B 样条基（非周期性数据）和小波基（高频数据）等展开；一种是用粗糙惩罚的方法，粗糙惩罚方法的实质是优化下面的目标函数：

$$\min\left\{(y-\phi c)^{T}\sum(y-\phi c)+\lambda c^{T}Rc\right\} \tag{6-1}$$

其中，λ 为调整参数（可用 GCV 的方法来求）。

本书采用 B 样条基将离散的数据转化为函数。假定基函数 $f(x_i)$ 是样条函数，一个有 k 个节点的三次样条函数可以由 $b_1(x_1)$，$b_2(x_2)$，$b_3(x_3)$，…，$b_{k+3}(x_i)$ 的线性组合构成，其中，$b_i(x_i)$ 有多种选法，本书选用三次多项式为基础，然后在每个节点添加一个截断幂基，即：

$$y_i=\beta_0+\beta_1x_i+\beta_2x_i^2+\beta_3x_i^3+\beta_4h(x_i,\xi_1)+\cdots+\beta_{k+3}h(x_i,\xi_k)+\varepsilon_i \tag{6-2}$$

其中，$h(x, \xi)=(x-\xi)^3$，$(x>\xi)$，$h(x, \xi)=0$，$(x<\xi)$。ξ 是节点，截断幂基项只会使三次多项式在 ξ 处的三阶导数不连续，而在每个节点，函数本身、一阶导数、二阶导数都是连续的。在边界的节点外，函数是三次多项式，估计模型时，仍然采用最小二乘法估计 k+4 个系数。

二、函数型主成分的数学模型

经典的多元统计分析中，主成分分析是通过对数据的协方差矩阵或相关系数矩阵求解特征根，寻找数据的最大变化方向，这个方向由成分系数构成的向量来刻画，称为特征向量。在函数型数据主成分分析中，这个特征向量不是固定不变的，而是一个变动的函数，叫作主成分权函数，记为 $\xi(s)$，其中，s 在一个区间 T 中变化，且 $\xi(s)$ 平方可积。第 i 个样品 $x_i(s)$ $(i=1,2,\cdots,N)$ 的主成分得分值定义为：

$$z_i=\int_T\xi(t)x_i(t)dt, i=1,2,\cdots,N \tag{6-3}$$

类似多元统计分析中主成分的研究思路，第一函数主成分就是在 $\int_T\xi(t)^2dt=1$ 的约束条件下，寻求使得各个主成分得分 $z_i(i=1, 2, \cdots, N)$ 的差异达到最大的权函数 $\xi_i(s)$，即其满足：

$$\begin{cases} \max N^{-1}\sum_{i=1}^{N} z_{i1}^2 \\ \int_T \xi_1(t)^2 dt = 1 \end{cases} \quad (6-4)$$

其中，$z_{i1}=\int_T \xi_1(t)x_i(t)dt$ 为第 i 个样品的第一主成分得分，$i=1$，2，…，N。

类似地，可以求得第 j 个函数主成分，其权函数 $\xi_j(s)$ 满足如下数学模型的条件

$$\begin{cases} \max N^{-1}\sum_{i=1}^{N} z_{ij}^2 \\ \int_T \xi_j(t)^2 dt = 1 \\ \int_T \xi_j(t)\xi_1(t)dt = \cdots = \int_T \xi_j(t)\xi_{j-1}(t)dt = 0 \end{cases} \quad (6-5)$$

其中，$z_{ij}=\int_T \xi_j(t)x_i(t)dt$ 为第 i 个样品的第 j 个主成分得分，i=1，2，…，N。由上述模型的构建过程可知，求得的诸多权函数 $\xi_j(s)$ 满足正交约束条件：

$$\int_T \xi_j(t)\xi_1(t)dt = \cdots = \int_T \xi_j(t)\xi_{j-1}(t)dt = 0 \quad (6-6)$$

它们刻画了曲线样本间重要的变异（化）方式，不过其各自描述的变异（化）方式的重要程度依次减小。

另外，假设我们选择了 K 个权函数 $\xi_k(s)$，k=1，2，…，K，将这 K 个正交的权函数 ξ_k（s）作为基函数，定义：

$$\widehat{x}(s) = \sum_{k=1}^{K} f_{ik}\xi_k(s) \quad (6-7)$$

其中，$f_{ik}=\int_T x_i(t)\xi_k(t)dt=0$，对单一的一条曲线 $x_i(t)$，如果我们以误差平方的积分度量拟合效果，则所有曲线的拟合误差：

$$SSE = \sum_{i=1}^{N}\|x_i-\widehat{x_i}\|^2 = \sum_{i=1}^{N}\int_T [x_i(t)-\widehat{x_i}(t)]^2 dt \quad (6-8)$$

在基函数选择的意义下让拟合误差达到最小，即若以式（6-8）达到

最小作为判断准则，K 个正交的权函数 $\xi_k(s)$ 与其他基函数相比为最佳。因此，在一些领域中，称这些函数 $\xi_k(s)$ 为经验标准正交函数。

1. 函数型主成分的特征方程

本节假定，我们分析的多元观察数据 $\{x_{ij}, i=1, 2, \cdots, N; j=1, 2, \cdots, p\}$ 和函数性观察 $x_i(t)(i=1, 2, \cdots, N, t\in T)$ 均经过中心化处理，即它们各自分别减去了相应的样本均值或均值函数。

在多元统计分析中，主成分的求解最终转化为寻求协方差阵或相关系数阵的特征值和特征向量的过程。设由数据 x_{ij} 构成的 N×p 阶矩阵为 X，p 维权重（列）向量记为 ξ，则由主成分得分 $z_i(i=1, 2, \cdots, N)$ 构成的得分向量 $Z=(z_1, z_2, \cdots, z_N)'$ 为 Xξ。于是，第一主成分的权向量满足的条件可写为：

$$\max_{\xi'\xi=1} N^{-1}\xi'X'X\xi \tag{6-9}$$

若令 p×p 阶矩阵 $V=N^{-1}X'X$，即 V 表示样本方差—协方差矩阵，则式（6-9）可表示为：

$$\max_{\xi'\xi=1} \xi'V\xi$$

由矩阵代数知识可知，这个最大化问题可以通过求下面特征方程：

$$V\xi=\rho\xi \tag{6-10}$$

式（6-10）的最大特征值 ρ 及相应的特征向量来解决。因此，多元主成分分析问题等价于解决特征方程（6-10）的代数问题。

在函数性数据分析中，设 $x_i(s)$ 和 $x_i(t)$ 的协方差函数为 $\nu(s,t), s,t\in T$，即：

$$v(s, t)=N^{-1}\sum_{i=1}^{N} x_i(s)x_i(t) \tag{6-11}$$

于是，确定函数性主成分权函数 $\xi_j(s)$ 转化为解如下的特征方程：

$$\int_T v(s, t)\xi(t)dt=\rho\xi(s) \tag{6-12}$$

如果我们定义一个算子：

$$V\xi=\int_T \nu(\cdot, t)\xi(t)dt \tag{6-13}$$

即 V 是权函数 ξ 的一个积分变换，并称其为协方差算子。因此式（6-12）的特征方程式可表述为：

$$V\xi=\rho\xi \tag{6-14}$$

注意，这里的 ξ 是特征函数，不是特征向量。

2. 权函数的获取方法

由上面分析可以看出，函数型主成分分析实际是寻找一组相互正交且标准化了的权函数 $\xi_j(t), t\in T$，它以协方差函数 v 作为积分变换的核心，将函数型主成分的求解问题转化为对协方差算子 V 的特征进行分析。本节基于特征方程 $V\xi=\rho\xi$ 讨论特征函数的实际求解问题。

在下面的讨论中，假定有 N 条曲线样本 $x_i(t), t\in T$，且已经过中心化处理，协方差函数 $v(s,t),(s,t\in T)$ 的定义如上所示。

（1）离散化法。

设观测 x_i（t）的时点 t_1，t_2，…，t_n 均等地分布于区间 T，即在区间 T 的 n 等分点上取值，这样我们可得到多元数据集 X：

$$X=\begin{pmatrix} x_1(t_1) & x_2(t_2) & \cdots & x_1(t_n) \\ x_2(t_1) & x_2(t_2) & \cdots & x_2(t_n) \\ \vdots & \vdots & \ddots & \vdots \\ x_N(t_1) & x_N(t_2) & \cdots & x_N(t_n) \end{pmatrix} \tag{6-15}$$

对此数据可利用多元统计中主成分分析软件进行分析，据此可求出满足式（6-16）的特征值和特征向量：

$$Vu=\lambda u \tag{6-16}$$

其中 u 为 n 维向量。

样本方差—协方差矩阵 $V=N^{-1}X'X$ 的元素为 $v(t_{jl},t_k)$。对于给定的函数 ξ，令 $\tilde{\xi}$ 是 ξ 由 (t_j) 构成的 n 维列向量，l 是区间 T 的长度，$w=l/n$。于是，对于任意的 t_j 有：

$$V\xi(t_j)=\int_T v(t_j,s)\xi(s)ds \approx w\sum_{k=1}^{n} v(t_j,t_k)\tilde{\xi} \tag{6-17}$$

因此，函数型特征方程 $V\xi=\rho\xi$ 有近似离散形式：

$$wV\tilde{\xi}=\rho\tilde{\xi} \tag{6-18}$$

这个方程的解将对应于式（6-12）的解，特征值之间的关系 $\rho=w\lambda$。标准化约束 $\int_T \xi(t^2)\,dt=1$ 的近似离散形式是 $w\|\tilde{\xi}\|^2=1$，因此如果向量 u 是矩阵 V 的标准化特征向量，则 $\tilde{\xi}=w^{-1/2}u$。在得到 $\tilde{\xi}$ 后，使用任何简便的插值法便可从离散值 $\tilde{\xi}$ 获得近似特征函数 ξ。如果观测时点 $t_1, t_2, \cdots, t_n$ 的选取很稠密，那么利用不同插值法得到的结果差异不大。

（2）基函数展开法。

另一个将特征方程（6-11）简化为离散的或矩阵形式的方式是利用已知的基函数 $\phi_k(t)\ k=1,2,\cdots,K,t\in T)$ 的线性组合来表示每个函数 $x_i(t)$ $(t\in T)$，基函数的个数 K 受多种因素的影响，如原始数据收集时选择的观测时点数 n，是否在修匀时施加了 K<n 的限制，以及由基函数再生原始函数的效果等。

设函数 $x_i(t)$ 的基函数展开式为：

$$x_i(t)=\sum_{k=1}^{K} c_{ik}\phi_k(t) \tag{6-19}$$

若向量函数 $X=(x_1,x_2,\cdots,x_N)'$，向量函数 $\phi=(\phi_1,\phi_2,\cdots,\phi_k)'$，则所有 N 条曲线的基函数展开式为：

$$X=C\phi \tag{6-20}$$

其中，系数矩阵：

$$C=\begin{pmatrix} c_{11} & c_{12} & \cdots & c_{1k} \\ c_{21} & c_{22} & \cdots & c_{2k} \\ \vdots & \vdots & \cdots & \vdots \\ c_{N1} & c_{N2} & \cdots & c_{NK} \end{pmatrix} \tag{6-21}$$

方差—协方差函数的矩阵形式为：

$$v(s,t)=N^{-1}\phi(s)'C'C\phi(t) \tag{6-22}$$

注意 $\phi(s)'$是向量 $\phi(s)$的转置，不是导函数。

若 $w_{k_1,k_2}=\int_T \phi_{k_1}(t)\phi_{k_2}(t)dt$ 矩阵 W 以 w_{k_1,k_2} 为其元素，则 W 为 K 阶对称阵，且可更简洁地写为 $W=N^{-1}\phi(t)\phi'(t)dt$。

现假定特征方程（6-12）中特征函数 ξ 的基函数展开式为：

$$\xi(t)=\sum_{k=1}^{K} b_k\phi_k(t) \tag{6-23}$$

且 $b=(b_1,b_2,\cdots,b_K)'$，则式（6-23）的矩阵形式为 $\xi(t)=\phi(t)'b$。于是，

$$\int_T v(s,t)\xi(t)dt=\int_T N^{-1}\phi(s)'C'C\phi(t)\phi(t)'bdt=\phi(s)'N^{-1}C'CWb$$

从而特征方程（6-11）变为：

$$\phi(s)'N^{-1}C'CWb=\rho\phi(s)'b$$

由于此方程对所有 s 都成立，故：

$$N^{-1}C'CWb=\rho b \tag{6-24}$$

这里需注意：权函数 $\xi(s)$满足 $\int_T \xi(s)^2ds=1$ 及不同的两个权函数 $\xi_k(s)$和 $\xi_l(s)$正交，意味着 $b'_{(k)}Wb_{(k)}=1$ 和 $b'_{(k)}Wb_{(l)}=0(k=1,2,\cdots,K,l<k)$。其中，$b_{(k)}$ 和 $b_{(l)}$ 分别为权函数 $\xi_k(s)$ 和 $\xi_l(s)$ 基函数展开式的系数向量。

为了得到需要的主成分，令 $u=W^{1/2}b$，求解如式（6-25）所示的等价对称特征值问题：

$$N^{-1}W^{1/2}C'CW^{1/2}u=\rho u \tag{6-25}$$

利用 $b=W^{1/2}u$ 便可得到与每一个特征向量对应的 $b=(b_1,b_2,\cdots,b_K)'$，继而求得权函数 ξ（s）。

同样地，对于二元或更高维度的多元函数型主成分的推导，与一元的主成分分析类似，也可以转化为特征方程系统 $V\xi=\rho\xi$ 的求解问题，只是约束条件有所增加。鉴于时间维度的不一致以及数据的可获得性等原因，下面的实证部分只对以一元维度主要衡量中产阶层比重的指标为例来进行中产阶层的变迁研究。

第三节　收入边缘中产阶层变迁的函数型数据分析

本节采用宏观层面城镇七分组人均可支配收入数据、农村五分组纯收入数据将上面介绍的函数型数据基展开法和函数型主成分分析的方法应用到由收入界定的边缘社会阶层的变迁分析中，尤其探讨边缘中产阶层的变化规律。数据资料来源于《中国统计年鉴》。因为从2013年起，国家统计局开展了城乡一体化住户收支与生活状况调查，2013年及以后数据来源于此项调查，这与2013年前的分城镇和农村住户调查的调查范围、调查方法、指标口径有所不同，且2013年后无法计算分组的恩格尔系数数据，因此本节只对2013年前的数据进行分析。

一、收入分组数据的基展开

根据2002年到2012年国家统计局公布的七分组城镇人均可支配收入的数据，得到表6-2。

表6-2　七分组城镇人均可支配收入增长率

年份	最低收入户	低收入户	中低收入户	中等收入户	中高收入户	高收入户	最高收入户
2002	-0.141	-0.053	-0.002	0.046	0.086	0.135	0.257
2003	0.075	0.088	0.090	0.093	0.101	0.115	0.150
2004	0.105	0.116	0.120	0.122	0.132	0.141	0.162
2005	0.095	0.103	0.114	0.125	0.140	0.149	0.134
2006	0.138	0.134	0.126	0.117	0.115	0.108	0.111
2007	0.178	0.174	0.178	0.173	0.166	0.166	0.150

续表

年份	最低收入户	低收入户	中低收入户	中等收入户	中高收入户	高收入户	最高收入户
2008	0.129	0.132	0.146	0.161	0.175	0.181	0.186
2009	0.105	0.108	0.103	0.101	0.092	0.081	0.074
2010	0.132	0.138	0.130	0.118	0.103	0.094	0.098
2011	0.156	0.149	0.141	0.134	0.139	0.146	0.144
2012	0.195	0.170	0.156	0.147	0.128	0.113	0.085

资料来源：《中国统计年鉴》。

由于七分组（五分组）收入数据之间差异很大，所以我们仅研究收入增长率的变迁。根据函数型数据基展开的方法，采用R软件将表6-2中的七分组城镇人均可支配收入增长率做修匀处理，并绘制七条修匀曲线。本书选取B样条基展开，曲线如图6-5所示。从图6-5中可以看出，七分组的人均可支配收入增长率各对应着一条曲线，整体来看，2004年以前七个分组曲线的波动大，2004年以后波动幅度较小，且波动形状相似，2008年以后基本都是持续增加。自2002年开始，中等收入户以下群体人均可支配收入的增长率都是先大幅增加，再波动幅度趋小，而中上收入户以上群体可支配收入的增长率是先减小再增加，最高收入户群体除2002年开始增长率较高外，下降后基本呈现平稳增长。在中间能衡量中产阶层的三组群体中，即中下收入户群体、中等收入户群体和中上收入户群体中，除中上收入户群体在2002年和2012年两端与中下、中等收入群体波动情况不一，中间时间段变化趋势是一致的，波动也较平稳。中上收入户2002年增长率是先下降，2012年后也是下降的趋势，中下收入户和中等收入户名义增长率都是先上升，2012年后是增加的趋势。总之，大体来看，城镇收入中产阶层从2004年到2010年收入增长率波动平稳，2012年后略有上涨的趋势。

同理，根据表6-3五分组农村人均纯收入增长率数据的基展开曲线，如图6-6所示。从图6-6中可以看出，五分组农村人均纯收入增长率的变动幅度要大于城镇七分组人均可支配收入。低收入户组人均纯收入增长率的变动趋势最大且基本最低，高收入户组的人均纯收入增长率持续在高位

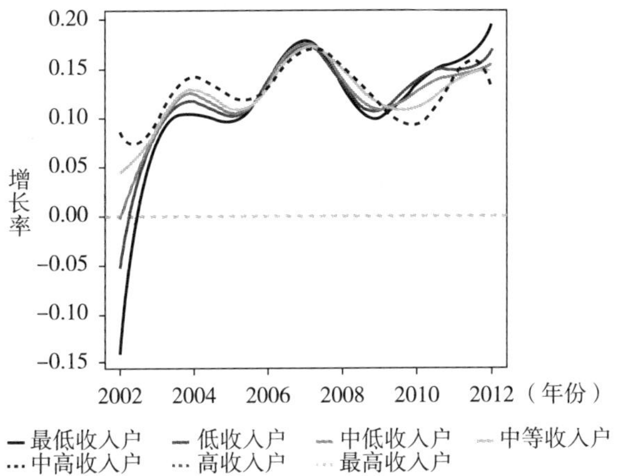

图 6–5　七分组城镇人均可支配收入增长率

变动，中间三组衡量中产阶层的收入户组变动趋势基本一致。五个收入户组增长率在 2002 年都是先降低，2012 年后除低收入有上升的趋势外，其他四组都是下降的趋势。总之，农村收入中产阶层收入增长率在 2002 年初始是先降低，2012 年以后也是降低，中间 2004~2010 年收入增长率波动较平稳。

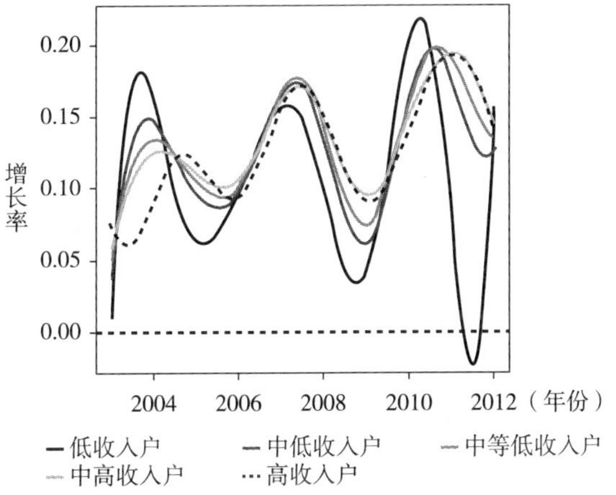

图 6–6　五分组农村人均纯收入增长率

表 6-3 五分组农村人均纯收入增长率

年份	低收入	中低收入	中等收入	中高收入	高收入组
2003	0. 010232	0. 038125	0. 050376	0. 058189	0. 076536
2004	0. 162802	0. 146564	0. 134335	0. 12501	0. 091981
2005	0. 059935	0. 095723	0. 105667	0. 109673	0. 117839
2006	0. 107987	0. 100934	0. 104369	0. 110722	0. 093895
2007	0. 139054	0. 161889	0. 162086	0. 153644	0. 155271
2008	0. 113537	0. 136822	0. 14876	0. 155722	0. 153158
2009	0. 032998	0. 059663	0. 071133	0. 090915	0. 091132
2010	0. 20687	0. 164345	0. 159827	0. 150437	0. 14048
2011	0. 069901	0. 175222	0. 188833	0. 195285	0. 19455
2012	0. 157813	0. 129641	0. 134245	0. 14038	0. 132623

二、收入分组数据函数型主成分分析

利用多元函数型主成分的分析方法，本书对城镇七分组收入增长率进行了分析，结果显示七分组数据的第一个主成分累计贡献率达到 95. 2%，为了更清楚地展示主成分权函数的变化情况，本书绘制了主成分偏离均值的效果图（见图 6-7），即在一张图中绘制三条曲线，即在均值曲线（实线）基础上加减主成分的两个标准偏差，“+”代表均值曲线上加两个标准偏差，“-”代表均值曲线上减去两个标准偏差。

第一主成分的权函数说明七分组城镇居民人均可支配收入增长率 2006 年前和 2010 年后的变化情况是导致城镇居民人均可支配收入增长率发生变化的最主要方式，即城镇人均可支配收入的变化最显著地来源于 2006 年前和 2010 年后。事实上，2006 年国家提高了个人所得税的起征点，提高企业退休人员养老退休金，增加了居民的收入。2010 年，国家出台多项惠民政策，如增加人民收入、改善民生，安排“三农”投入，安排社会保障投入资金。这些都使得农民收入有了很大的提高。由于七分组数据中

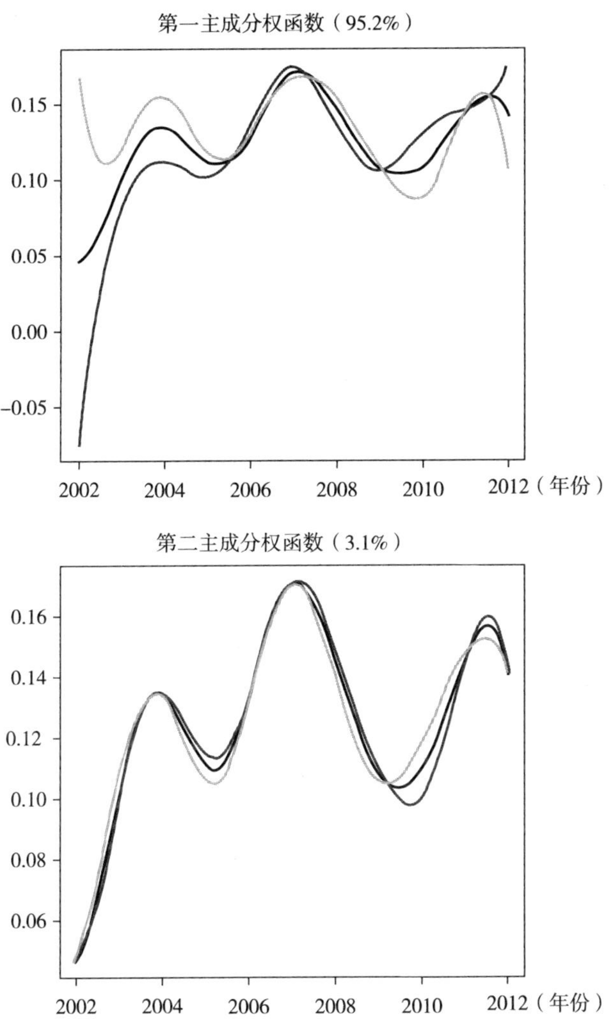

图 6-7　七分组城镇收入增长率的主成分偏离均值的效果图

间三条都是衡量中产阶层的变化情况，因此可得出中产阶层的变化规律也和上述城镇人均可支配收入分组数据基展开的变化规律一致。

同样地，利用多元函数型主成分的分析方法，本书对农村五分组纯收入增长率也进行了分析，结果显示五分组数据的第一个主成分累计贡献率达到 93.9%，其主成分偏离均值的效果图如图 6-8 所示。第一主成分的权函数（同时也是中产阶层的变化规律）显示五分组农村纯收入增长率近年来变化都很大，原因是这几年国家出台一系列优惠农民的政策，2003 年，中央财政新增 47 亿元专项补助资金用于支持就业和再就业。2004 年，逐步降低农业税税率，最终取消农业税，同时，中央一号文件实行粮食直补、良种补贴和大型农机具购置补贴政策，随后又有保护耕地、加大农业

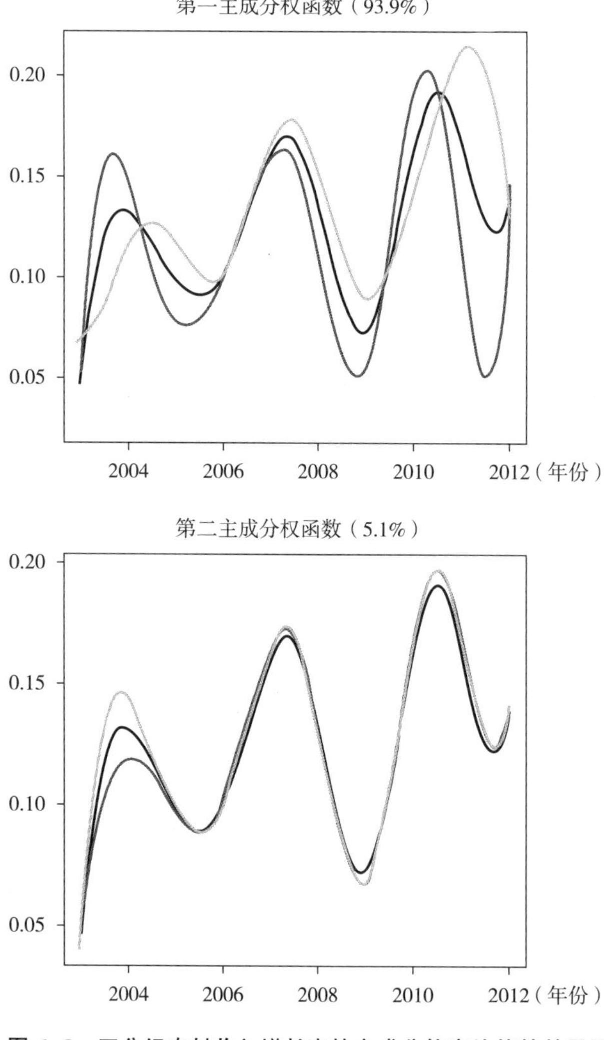

图 6-8　五分组农村收入增长率的主成分偏离均值的效果图

投入、控制农资价格、实行粮食最低收购价四项措施。2004~2006年全国对种粮农民直接补贴390亿元，2006年又新增对农民柴油、化肥等农业生产资料的综合直补120亿元。2006年中央一号文件要求中央和地方财政提高补助标准，“三农”支出达到3397亿元。2007年农村低保制度全面建立。2010年国家继续出台惠民政策，安排“三农”投入8183亿元。

综上所述，城镇人均可支配收入增长率的变化最显著地来源于2006年前和2010年后，农村纯收入近几年变化趋势都很明显，主要跟国家的一系列惠农政策有关。

三、收入分组数据的脸谱图分析

由于2013年前后收入分组数据统计的口径不同，对于2013年到2018年的收入分组数据时间短，做函数型数据研究变迁较不合适，因此做脸谱图简单看其变化规律（因为消费分组数据2013年后没有统计，所以下文第四节没有对消费数据再做脸谱图）。

近年来，全国居民人均可支配收入逐年增加，无论城镇还是农村人均可支配收入都是逐年增加。但增长的幅度，显然是城镇要大于农村。如表6-4所示，全国低收入户组2018年比2013年增加2038.1元，增速为46.3%（此处及下面的分组增速都没有剔除物价的影响，但不影响对比分析），中等偏下户组2018年比2013年增加4706.8元，增速为48.8%，中等收入户组2018年比2013年增加7490.9元，增速为47.7%，中等偏上户组2018年比2013年增加12110.2元，增速为49.7%，高收入户组2018年比2013年增加23182.9元，增速为48.9%，这中间，全国中等偏上户增速最快，高收入户其次，低收入户增速最慢；城镇低收入户组2018年比2013年增加4491元，增速为45.4%，中等偏下户组2018年比2013年增加7228.4元，增速为41.0%，中等收入户组2018年比2013年增加11023.2元，增速为45.6%，中等偏上户组2018年比2013年增加16559.7元，增速为50.8%，高收入户组2018年比2013年增加27145元，增速为

47.0%，这中间，城镇中等偏上户增速最快，高收入户其次，中等偏下户增速最慢；农村低收入户组 2018 年比 2013 年增加 788.3 元，增速为 27.4%，中等偏下户组 2018 年比 2013 年增加 2542.9 元，增速为 42.6%，中等收入户组 2018 年比 2013 年增加 4091.9 元，增速为 48.5%，中等偏上户组 2018 年比 2013 年增加 6235.5 元，增速为 52.8%，高收入户组 2018 年比 2013 年增加 12718.9 元，增速为 59.6%，这中间，高收入户增速最快，中等偏上收入户其次，低收入户增速最慢。

表 6-4　居民按收入五等分分组的人均可支配收入　　单位：元

地区	年份	低收入户（20%）	中等偏下户（20%）	中等收入户（20%）	中等偏上户（20%）	高收入户（20%）
全国	2013	4402.4	9653.7	15698	24361.2	47456.6
	2014	4747.3	10887.4	17631	26937.4	50968
	2015	5221.2	11894	19320.1	29437.6	54543.5
	2016	5528.7	12898.9	20924.4	31990.4	59259.5
	2017	5958.4	13842.8	22495.3	34546.8	64934.0
	2018	6440.5	14360.5	23188.9	36471.4	70639.5
城镇	2013	9895.9	17628.1	24172.9	32613.8	57762.1
	2014	11219.3	19650.5	26650.6	35631.2	61615
	2015	12230.9	21446.2	29105.2	38572.4	65082.2
	2016	13004.1	23054.9	31521.8	41805.6	70347.8
	2017	13723.1	24550.1	33781.3	45163.4	77097.2
	2018	14386.9	24856.5	35196.1	49173.5	84907.1
农村	2013	2877.9	5965.6	8438.3	11816	21323.7
	2014	2768.1	6604.4	9503.9	13449.2	23947.4
	2015	3085.6	7220.9	10310.6	14537.3	26013.9
	2016	3006.5	7827.7	11159.1	15727.4	28448.0
	2017	3301.9	8348.6	11978.0	16943.6	31299.3
	2018	3666.2	8508.5	12530.2	18051.5	34042.6

资料来源：《中国统计年鉴》（2019）。

为了表现2013年以来全国、城镇、农村收入五等分分组的人均可支配收入的变化情况，尤其是中等收入阶层的变化，现根据上述收入五等分分组数据（见表6-4），画出近六年的脸谱图。脸谱图是将多维度数据附在脸部特征上从而帮助研究者找出数据模型、类别和关系的方法。脸谱图可以通过人脸的部分如眼睛、耳朵、嘴、头发、微笑等形状、大小、位置和方向表现不同变量的值，用此法画图更加直观形象。其中，脸高度、微笑程度和头发风格代表低收入户；脸宽度、眼睛的高度和鼻子的高度代表中等偏下户；脸型、眼睛宽度和鼻子宽度代表中等收入户；嘴巴厚度、头发长度和耳朵宽度代表中等偏上户；嘴巴宽度、头发宽度和耳朵高度代表高收入户。图形显示：变化差异大的部位是微笑程度，眼睛的大小，头发的风格，鼻子的大小和耳朵的大小。图6-9、图6-10、图6-11分别反映全国、城镇、农村收入五等分分组的脸谱图。从2013年到2018年，全国人均可支配收入和城镇人均可支配收入的微笑程度在增强，说明低收入组收入在增加，但是农村人均可支配收入中从2013年到2018年，微笑的程度没有保持一直增强。头发的风格变化也很大，代表低收入组收入的增加；2016年全国和城镇的脸谱图很像，农村和其相似度差，尤其是耳朵和嘴，说明农村五等分分组人均可支配收入结构和全国、城镇不一致，不一致主要体现在中等偏上收入户和高收入户。总之，中等收入群体包括中上层和中下层群体变化不明显，农村近些年在不同收入群体上变化较大，尤其在2016年变化最大。

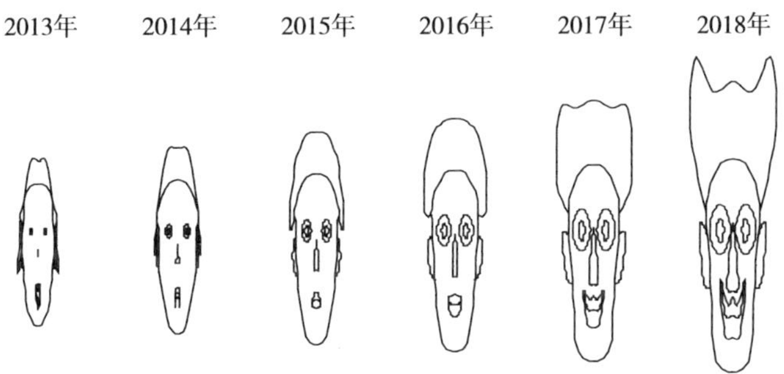

图6-9　全国五等分分组的人均可支配收入脸谱图

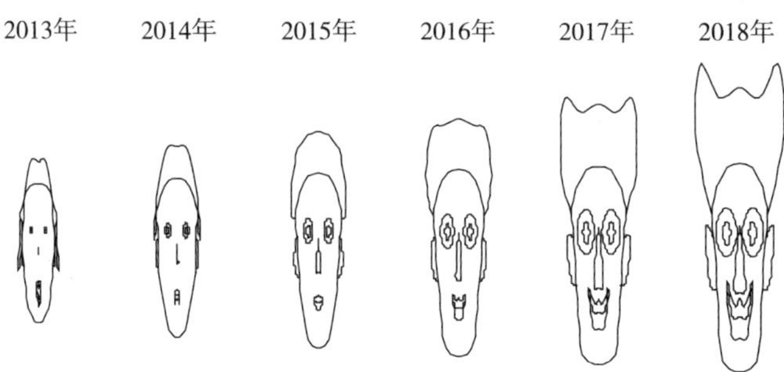

图 6-10　城镇五等分分组的人均可支配收入脸谱图

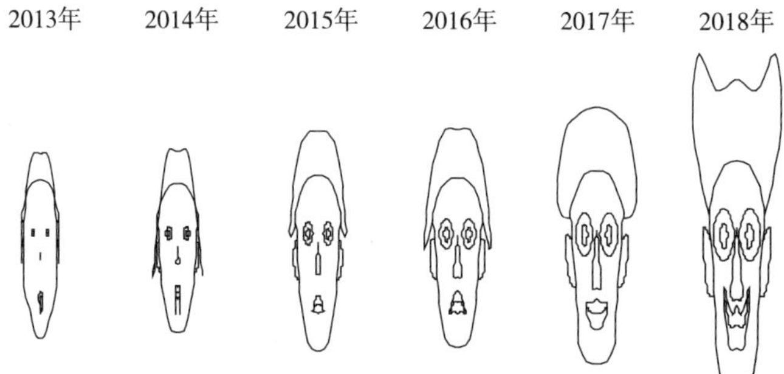

图 6-11　农村五等分分组的人均可支配收入脸谱图

第四节　消费边缘中产阶层变迁的函数型数据分析

根据前面指标的构建可知，消费指标界定的中产阶层采用的是恩格尔系数，因此，本节继续使用恩格尔系数来研究中产阶层的变迁规律。

一、恩格尔系数分组数据基展开

根据表 6-5 七分组城镇恩格尔系数数据及其变动率（恩格尔系数变动

率的数据并没有列在表格之中）的数据分别做数据的修匀处理，并绘制七个分组数据的修匀曲线。本书选取 B-样条基展开，曲线如图 6-12 和图 6-14 所示。从图中可以看出，每个分组的恩格尔系数对应着一条曲线。近年来，除最低收入组的恩格尔系数的波动相对大点外，其他六组恩格尔系数虽一直有小幅波动，但总体上保持平稳的发展。中间的三条中下组、中等组和中上组即中产阶层群体恩格尔系数变动率波动特征一致，都是周期性的先增后减，且在 2004 年、2008 年恩格尔系数最高，2012 年后有下降的趋势，说明各收入组人们的食物支出在减少，生活水平有提高。从城镇恩格尔系数波动率的修匀曲线也可看出七分组波动大致相同。

表 6-5　七分组城镇恩格尔系数

年份	最低收入户	低收入户	中低收入户	中等收入户	中高收入户	高收入户	最高收入户
2002	0.472	0.447	0.422	0.393	0.374	0.356	0.314
2003	0.486	0.449	0.423	0.392	0.366	0.347	0.298
2004	0.512	0.463	0.432	0.397	0.375	0.348	0.292
2005	0.486	0.448	0.419	0.388	0.364	0.343	0.280
2006	0.470	0.435	0.407	0.382	0.357	0.334	0.273
2007	0.485	0.435	0.413	0.389	0.366	0.331	0.276
2008	0.481	0.459	0.429	0.404	0.379	0.340	0.292
2009	0.468	0.446	0.417	0.390	0.359	0.330	0.280
2010	0.462	0.441	0.409	0.379	0.354	0.322	0.269
2011	0.458	0.437	0.417	0.390	0.359	0.326	0.275
2012	0.453	0.432	0.410	0.386	0.358	0.332	0.274

同理，对表 6-6 农村五分组恩格尔系数及其变动率（恩格尔系数变动率的数据并没有列在表格之中）也做 B-样条修匀处理，得到五条曲线如图 6-13 和图 6-15 所示。显然，农村五分组曲线比城镇七分组曲线变动剧烈，并且整体波动趋势下降。在 2004 年达到最高点，原因可能是 2004 年物价飞涨，但收入并没有相应的增加。从图中也能看出中间三个组，即中产阶层群体 2012 年后依然有下降的趋势，说明农村中产阶层人群近几年来

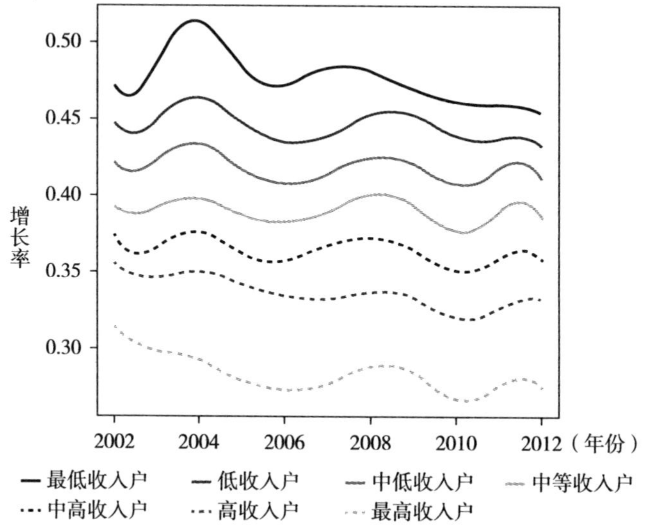

图 6-12　七分组城镇恩格尔系数

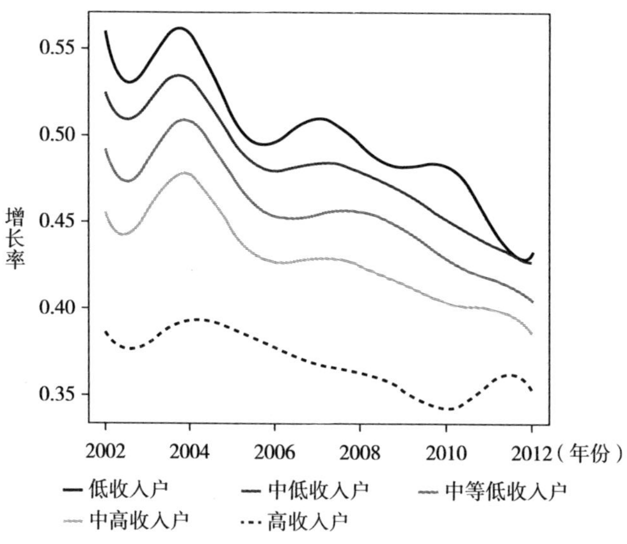

图 6-13　农村五分组恩格尔系数

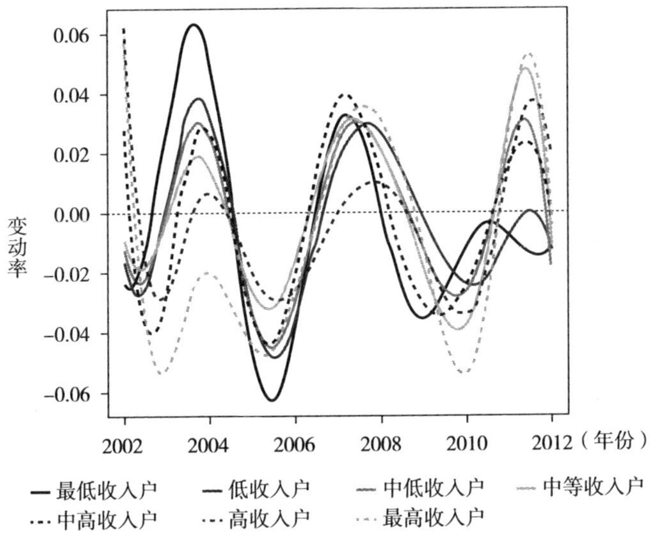

图 6-14　七分组城镇恩格尔系数变动率

生活水平在提高。但从农村恩格尔系数变动率五分组数据来看，除低收入组变动率在接近 2012 年变动异常低外，其他组波动率基本一致。

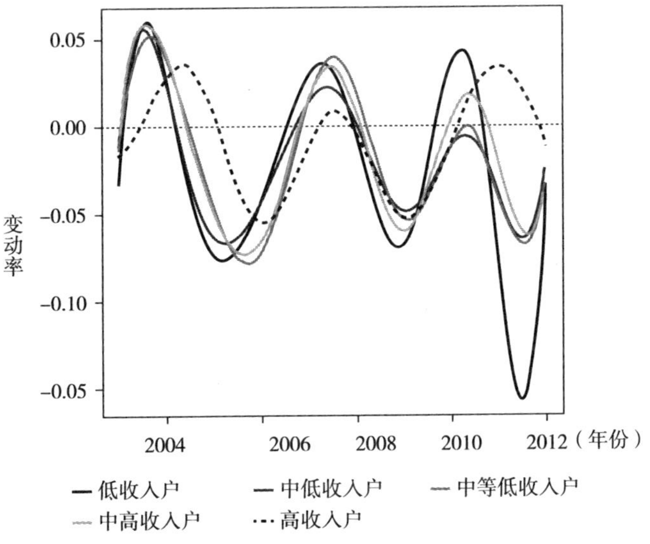

图 6-15　农村五分组恩格尔系数变动率

表 6-6　五分组农村恩格尔系数

年份	低收入	中低收入	中等收入	中高收入	高收入组
2002	0.558824	0.524155	0.491793	0.455046	0.386932
2003	0.540648	0.518388	0.485255	0.456422	0.380515
2004	0.556258	0.532017	0.505319	0.474693	0.391095
2005	0.514276	0.496646	0.481538	0.450586	0.393547
2006	0.49567	0.480486	0.449691	0.423409	0.373522
2007	0.503711	0.478583	0.451456	0.426861	0.367503
2008	0.507469	0.487679	0.464624	0.433212	0.36791
2009	0.469999	0.458795	0.437028	0.40544	0.347569
2010	0.487795	0.454911	0.433428	0.407429	0.345333
2011	0.448424	0.436588	0.41733	0.399051	0.356777
2012	0.432979	0.426206	0.404658	0.38598	0.352563

二、恩格尔系数分组数据函数型主成分分析

利用多元函数型主成分的分析方法，对城镇七分组恩格尔系数变动率进行了分析，结果显示七分组数据的恩格尔系数第一个主成分累计贡献率达到95.2%，为了更清楚地展示主成分权函数的变化情况，本书绘制了主成分偏离均值的效果图（见图6-16），即在一张图中绘制三条曲线，即在均值曲线（实线）基础上加减主成分的两个标准偏差，“+”代表均值曲线上加两个标准偏差，“-”代表均值曲线上减去两个标准偏差。

同理，对农村五分组恩格尔系数变动率也进行了类似上面的分析，得到图6-17。从图6-16和图6-17可以看出，无论是城镇恩格尔系数变动率还是农村恩格尔系数变动率都是第一主成分偏离均值较多，波动较大，并且解释了函数的大部分变动。第一主成分都是2006年以前和2010年后变化情况是导致五分组恩格尔系数变动率的主要方式，即中产阶层同样有如此的变化规律。事实上，2006年和2010年国家一系列惠民政策的出台，增加了人们的收入，相应地增加了消费支出，因此在各项政策的管控下，

中产阶层变动率产生了相应的变化。

综上所述，农村五分组曲线比城镇七分组曲线变动剧烈，并且整体波动趋势下降。从恩格尔系数主成分偏离均值的效果图可以看出，无论是城镇还是农村都是2006年以前和2010年后导致恩格尔系数大幅变动。

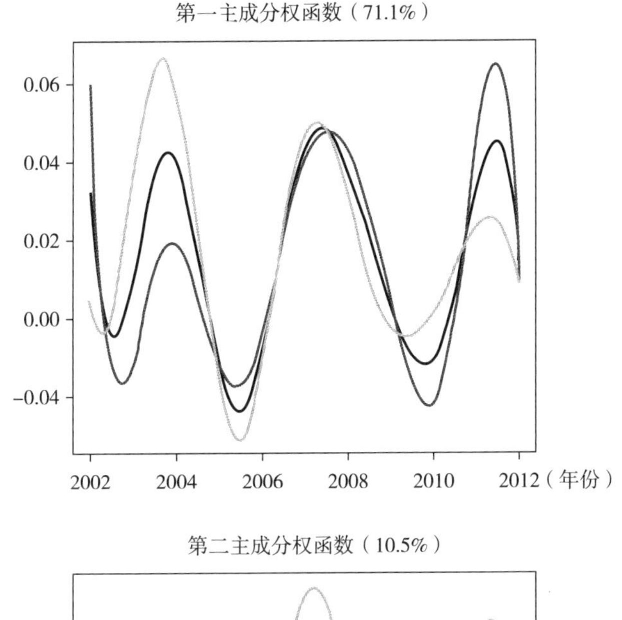

第二主成分权函数（10.5%）

0.02
0.00
–0.02
–0.04
2002
2004
2006
2008
2010
2012（年份）

图6–16　城镇七分组恩格尔系数变动率的主成分偏离均值的效果图

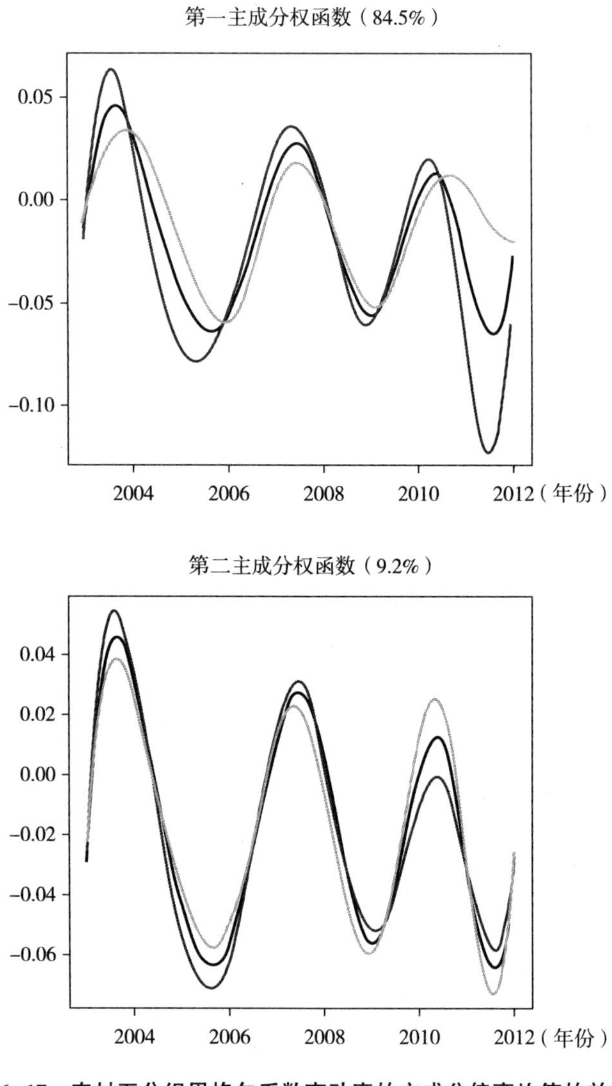

第一主成分权函数（84.5%）

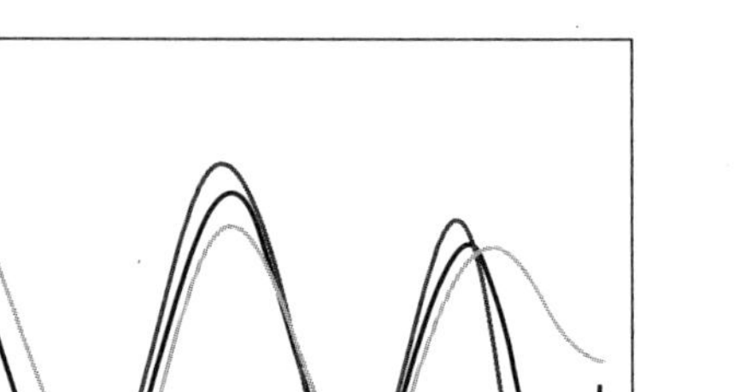

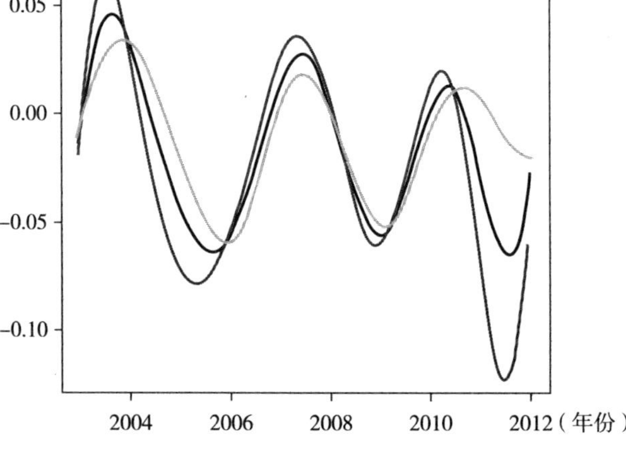

第二主成分权函数（9.2%）

0.04
0.02
0.00
−0.02
−0.04
−0.06
2004
2006
2008
2010
2012（年份）

图 6-17　农村五分组恩格尔系数变动率的主成分偏离均值的效果图

本章小结

本章从宏观层面数据出发对衡量中产阶层的三个主要指标进行了变迁分析。首先，从人口普查数据上对职业边缘中产阶层进行了图表分析。其次，从函数型数据角度出发，利用宏观层面的数据对收入和消费层面界定的边缘社会阶层进行了变迁分析，并找出了中产阶层各时期变动的特点。

第七章 基于微观层面分析中产阶层的变迁

本章将从微观层面 CGSS 数据角度出发对构成中产阶层的主要指标进行变迁分析。首先，简单从职业边缘中产阶层入手研究其变迁规律。其次，重点从主要定量指标——收入边缘中产阶层考虑研究中产阶层的变化过程。再次，从主要定量指标——消费边缘中产阶层入手研究变迁过程。最后，从核心中产阶层考虑中产阶层的变化规律。

第一节　基于 CGSS 数据分析职业边缘中产阶层的变迁

根据前面章节界定的职业边缘中产阶层的标准，将 CGSS 数据中的党政官员、企业和事业单位负责人、办事人员和专业技术人员两类职业人群定义为当前中国的职业中产人群。根据 2005 年、2006 年、2010 年、2011 年、2012 年、2013 年和 2015 年 CGSS 调查数据计算出职业中产阶层的比重，如表 7-1 所示。从表 7-1 中可以看出，除 2003 年和 2008 年职业数据缺失外，2005~2015 年，职业中产阶层的比重出现了先下降再上升的趋势，其比重不算高，从 2005 年的 25.04%到 2011 年的最低 21.78%，再到 2015 年的 34.19%，相当于从 1/4 的比重涨到了 1/3。

表 7-1　职业中产的比重

年份	2015	2013	2012	2011	2010	2008	2006	2005	2003
比重（%）	34.19	27.93	24.85	21.78	24.44	—	22.32	25.04	—

第二节　基于 CGSS 数据分析收入边缘中产阶层的变迁

我们根据 2002 年、2004 年、2005 年、2007 年、2009 年、2010 年、2011 年、2012 年和 2014 年 CGSS 调查的个人年总收入数据，采用本书界定的均值和均值加三倍标准差划分收入中产的标准，取出在这个范围内的各年份收入界定的中产阶层数据，用 R 软件模拟出这 9 年收入界定的中产阶层的核密度图，如图 7-1 所示。

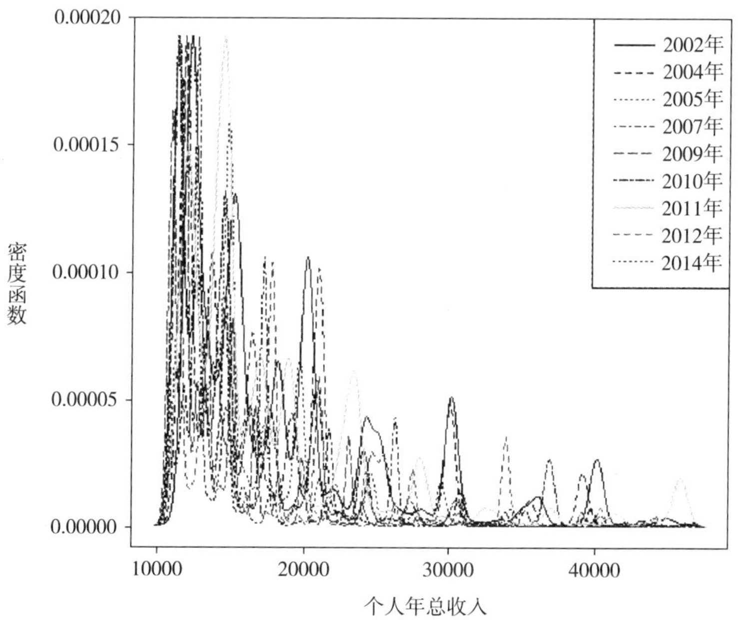

图 7-1　2002~2014 年个人年总收入核密度图

图 7-1 表明，从长期来看，2002~2014 年，以个人年总收入界定的我国中产阶层群体收入分布的核密度曲线形状位置都发生了较明显的变化。整体来看，收入分布的核密度曲线呈现右偏分布，右侧多峰，中间年份开始左侧也有峰值出现，右侧尾部大致逐渐变窄，若以 2002 年为参考期，曲线顶部下沉，整体经历了先左移动、后右较大幅度移动、再左移动、又右较大幅度移动、后再左移动的变化趋势，到 2014 年又基本和 2002 年的基期密度曲线大致相同。这说明在 2002~2014 年，我国中产阶层收入先增加后又略微减小，整体是收入增加，且中产阶层收入差距有缩小的趋势。

为了更加详细地反映个人年总收入界定的中产阶层群体收入分布的变化趋势，我们分别模拟出 2002~2007 年和 2009~2014 年两个时间段的收入核密度估计图，如图 7-2 所示。

从短期来看，2002~2007 年，我国中产阶层收入分布变化的特点如下：个人年总收入密度曲线除 2004 年往左移动外，其他曲线基本都是往右移动，说明居民收入增加；收入区间变窄，说明中产阶层群体收入不平等减小；右侧尾部变薄，说明高收入者的增长幅度减小。2009~2014 年，收

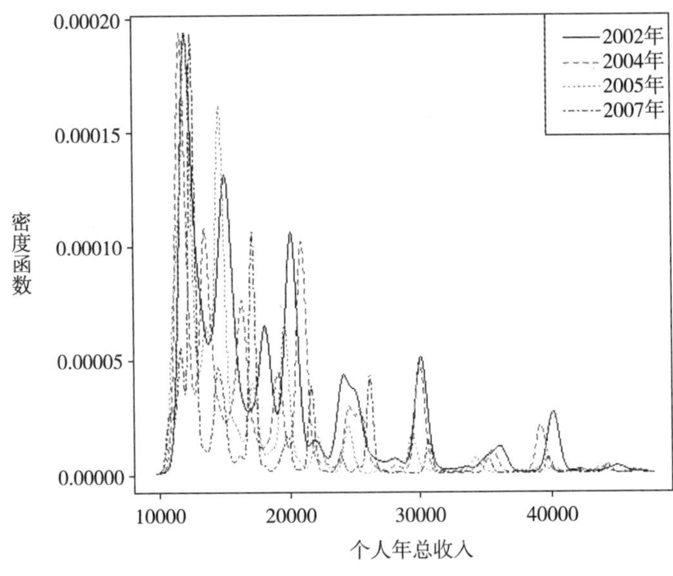

图 7-2　2002~2007 年和 2009~2014 年个人年总收入核密度图

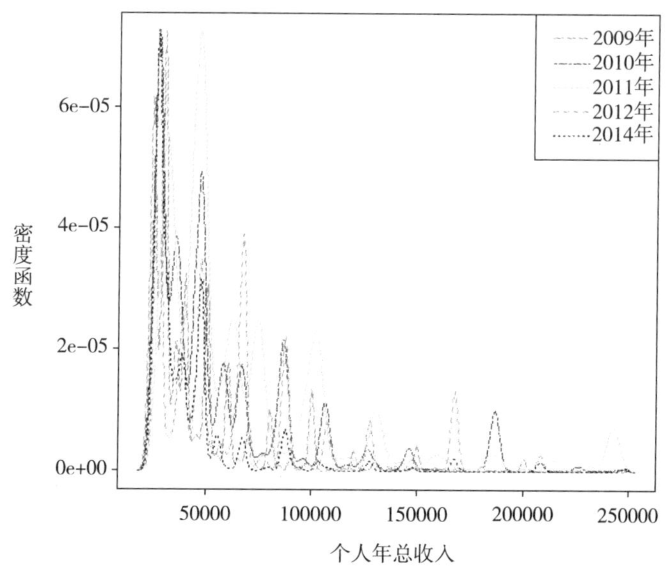

图 7-2　2002~2007 年和 2009~2014 年个人年总收入核密度图（续）

入核密度曲线整体右移，说明收入增加，尤其 2011 年增加得尤为明显，右侧尾部变窄，说明不平等程度减小。

进一步做城镇个人年总收入界定的中产阶层群体密度图，如图 7-3 所示（由于 2003 年 CGSS 数据统计的 2002 年个人年总收入没有区分城镇和农村，所以以下个人年总收入核密度图形都不包含 2002 年），长期来看，区间变窄，右侧尾部变薄，除 2011 年变化较大外，其他曲线位置移动不大。说明收入变动不明显，中产阶层内部收入差距缩小，中产阶层中的高收入群体比重缩小。短期来看，如图 7-4 所示，2004~2009 年整体趋势有左移动有右移动，但 2010~2014 年整体趋势左移动，说明 2010 年后城镇中产阶层个人收入降低。

通过农村个人年总收入界定的中产阶层群体密度函数图 7-5 可以看出，从长期来看，2002~2014 年，以个人年总收入界定的我国农村中产阶层群体收入分布的核密度曲线形状位置都发生了较明显的变化。随着时间的推移，农村中产阶层收入分布的核密度曲线逐渐向右侧平移，反映出农村中产阶层群体收入水平的增加。收入核密度曲线中间部分逐渐变宽，说明农村中产阶层内部差距缩小。

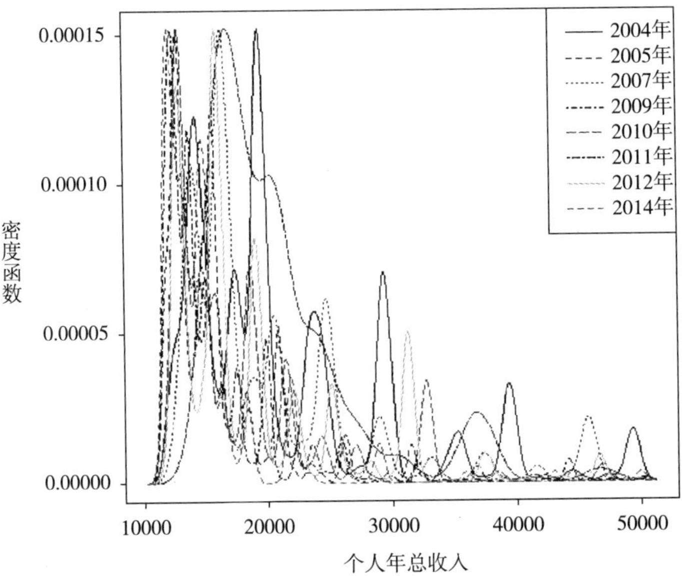

图 7-3　2002~2014 年城镇个人年总收入核密度图

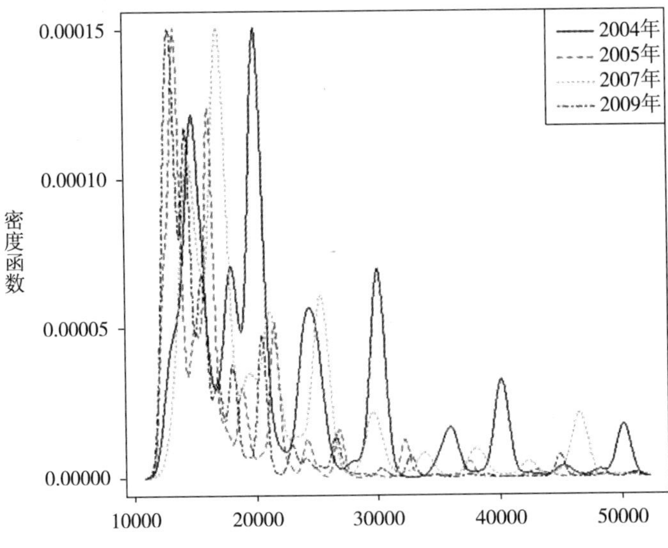

图 7-4　2004~2009 年和 2010~2014 年城镇个人年总收入核密度图

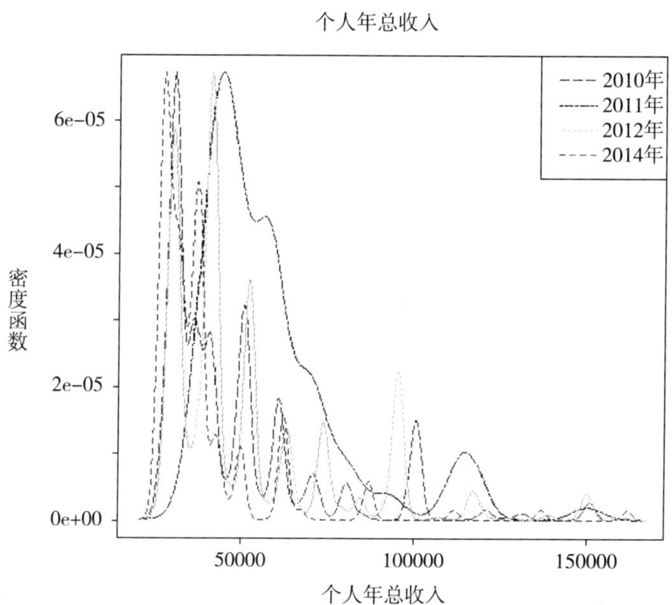

图 7-4　2004~2009 年和 2010~2014 年城镇个人年总收入核密度图（续）

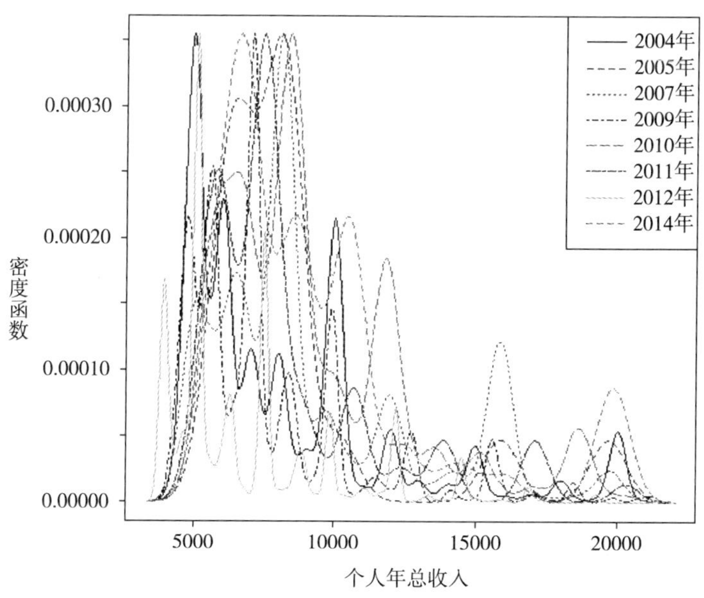

图 7-5　2004~2014 年农村个人年总收入核密度图

为了更加详细地反映农村个人年总收入界定的中产阶层群体收入分布的变化趋势，我们分别模拟出 2004~2009 年和 2010~2014 年两个时间段的农村收入核密度估计图，如图 7-6 所示。短期来看，2004~2009 年，曲线向右侧平移，且中间宽度变宽，说明收入增加，农村中产阶层内部差距缩小。2010~2014 年，曲线左侧平移，2014 年又略向右侧平移，说明农村收入又有减小的趋势，内部收入差距缩小。

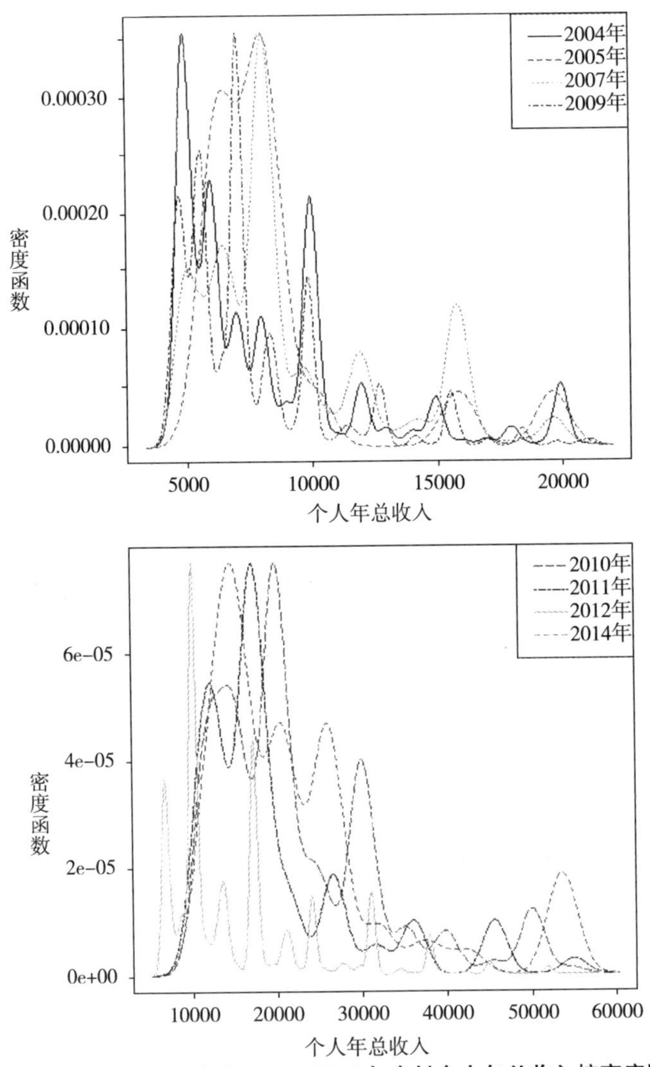

图 7-6　2004~2009 年和 2010~2014 年农村个人年总收入核密度图

第三节　基于 CGSS 数据分析消费边缘中产阶层的变迁

由于 CGSS 调查的 9 年数据中仅 2009 年和 2014 年有居民家庭恩格尔系数的数据，所以选取 2009 年和 2014 年 CGSS 调查的恩格尔系数数据，根据前文界定的 0.3~0.4 作为划分消费中产的标准，取出在此范围内各年份的数据为消费边缘中产阶层的数据，用 R 软件模拟出这两年消费界定的中产阶层的核密度估计图，如图 7-7 所示。

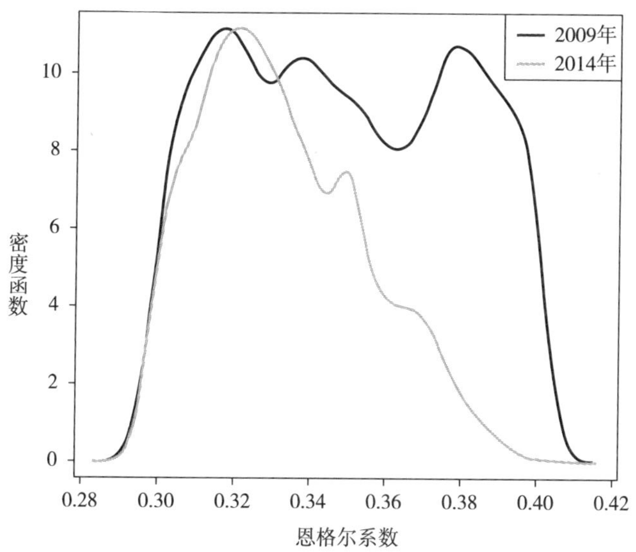

图 7-7　2009 年和 2014 年恩格尔系数核密度图

图 7-7 表明，从 2009 年到 2014 年，以恩格尔系数界定的我国中产阶层群体分布的核密度曲线形状位置都发生了较明显的变化。整体来看，2009 年的中产阶层恩格尔系数的核密度曲线呈现双峰分布，2014 年该核密度曲线又呈现单峰分布，且略微右偏，人民生活水平差异变大。进一步地

画出 2009 年、2014 年城镇、农村这两年的家庭恩格尔系数核密度图（见图 7-8），其特点是城市核密度曲线和全国差异不大，农村和全国差异相对较大，尤其是 2009 年农村核密度曲线双峰中的一峰不那么明显，且曲线略微变宽，说明农村家庭生活水平质量改变较小。

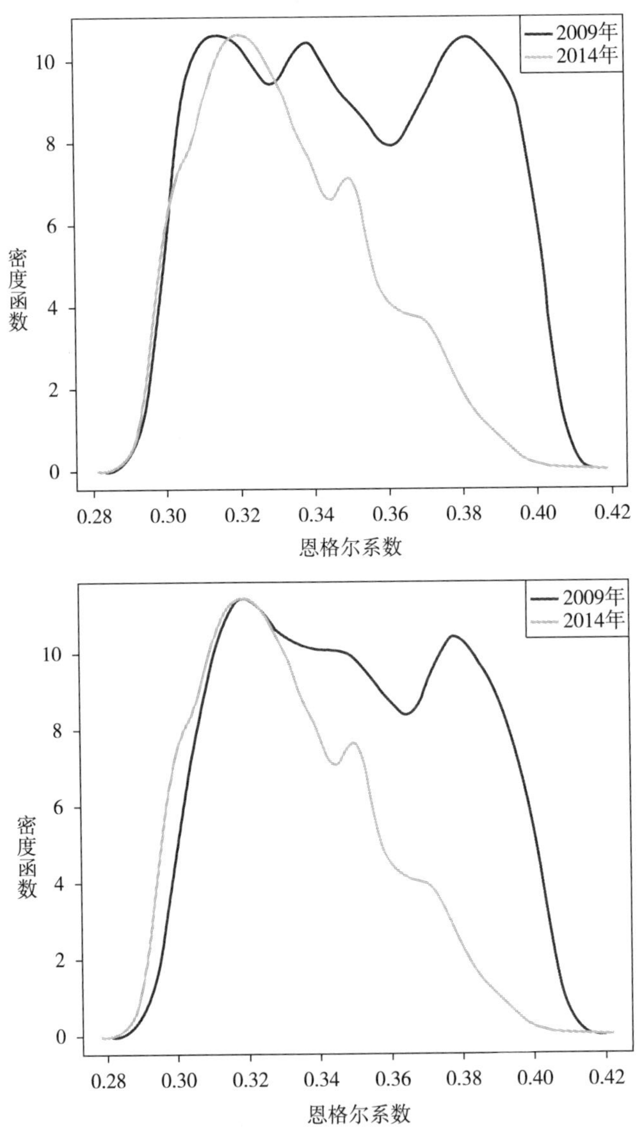

图 7-8　2009 年和 2014 年城市、农村恩格尔系数核密度图

第四节　基于 CGSS 数据分析核心中产阶层的变迁

本节除了考虑中产阶层的主要构成指标外同时也考虑辅助指标，即研究综合维度，即多指标界定的中产阶层的变迁。从表 7-2 中的 CGSS 数据可以看出，2005~2013 年，职业中产规模大体不变，2015 年中产阶层达到 34.19%，相较于之前年份有较大提高；大专以上学历即受教育程度界定的中产阶层规模从 2005 年的 11.48%上升到 2015 年的 18.68%，增加了约七个百分点，说明受教育程度和中产阶层的地位有很大的关系；收入界定的中产阶层无论是个人层面还是家庭层面，中产阶层比重反倒降低；住房面积界定的中产阶层比重变动差异不大；主观阶层认同中产除 2006 年（37.88%）、2008 年（58.89%）很高外，其他都保持在 15%~20%，波动幅度不大。在核心中产阶层中，无论家庭综合指标界定的中产阶层还是个人综合指标界定的中产阶层，其比重都远远小于上面各个边缘中产阶层的规模，说明符合多指标界定的中产阶层比重比单一指标界定的中产规模要少；家庭综合指标中产的比重小于个人综合指标界定的中产阶层。

综上所述，近年来边缘中产阶层比重的变化并不明显，近似呈现先下降后增长的模式，总体来看有比重上涨的趋势，但比重并不高。随着我国经济发展的欣欣向荣，人均收入有向高收入方向迁移的趋势，推动整个社会结构分布向更加匀称、更加稳定的方向发展。中国消费水平、消费行为习惯也向着注重生活品质的方向发展。由此来看，宏观界定的当前中国中产阶层还未形成一定规模，但是在领先行业及发达区域已然出现了一大部分带动消费增长，维护社会和平稳定的领头军，其发展方向是光明且有希望的。

表 7-2　中产阶层变迁　　　　单位：%

年份	2015	2013	2012	2011	2010	2008	2006	2005	2003
职业中产	34.19	27.93	24.47	21.78	24.85	—	22.32	25.04	—
受教育程度中产	18.68	15.77	15.65	13.57	15.10	13.56	18.89	11.48	—
个人收入中产	27.47	32.27	30.96	34.16	30.22	32.61	37.72	32.78	35.68
家庭收入中产	27.67	34.49	27.93	29.45	26.90	25.98	—	33.71	27.08
家庭人均收入中产	25.05	30.78	32.21	23.29	26.64	25.32	—	—	25.59
家庭财产中产	—	22.59	20.55	22.17	27.54	20.47	—	—	21.80
主观认同中产	18.72	19.14	16.02	17.16	15.46	58.89	37.88	—	—
个人综合指标中产	1.99	1.83	1.56	1.75	1.87	—	1.20	—	—
家庭综合指标中产	0.752	0.453	0.184	0.347	0.713	0.829	—	—	0.289

注：①根据 CGSS 数据，满足家庭收入中产及家庭财产中产的人群基本满足以恩格尔系数界定的消费中产。②其中家庭财产中因需要满足变迁对比，仅指住房面积满足界定标准的中产阶层的比重。

本章小结

本章从微观 CGSS 数据出发对衡量中产阶层的主要指标进行了变迁分析。首先，从职业角度对边缘中产阶层进行了分析。其次，从核密度函数角度出发，对收入和消费层面界定的边缘中产阶层进行了变迁分析，并找出了中产阶层各时期变动的特点。最后，对所有指标共同决定的核心中产阶层进行了变迁研究。

第八章 总结与展望

本书研究了我国中产阶层的现状、中产阶层比重的测度、主观阶层认同度的影响因素及中产阶层的演变趋势和变迁，并在此基础上从宏观数据和微观数据方面进行了实证分析。本章对主要结论进行总结，包括研究方法结论和实证性结论，提出相应的政策建议，并做出研究展望。

第一节　主要研究结论

一、方法性研究结论

在本书的研究过程中方法性结论如下：

第一，从多维度、多指标构建了一套较为完整的评判中产阶层的指标体系来衡量其现状、规模和变迁规律是本书的一个特点。中产阶层是一个复杂的概念，学术界对于中产阶层的界定尚没有一个统一的标准，经济学界倾向于以收入、财产等单一指标来界定，简单明了，但内部差异大。社会学界常选用多个指标来界定，但指标间的复杂性和多重性导致只能辅助问卷调查数据对中产阶层进行分析。本书构建了一套较完整的多指标、多维度评判中产阶层的指标体系，从测度和变迁上对其进行了量化研究，更具有挑战性。

第二，借鉴国内外学者采用现代非参数统计中的一维度核密度的方法对边缘中产阶层的比重进行了测度，进一步从一维度扩展到多维度，并将多维度核密度方法应用到中产阶层比重的研究方法上，并进行了实证说明，视角新颖。现代非参数统计在不假定收入分布的基础上绘制收入分布的核密度曲线，即使对总体分布的任何信息都没有的前提下，也能得到较为可靠的结论，然而，截至目前，所有研究中产阶层分布的现代非参数核密度的学者都是基于收入一个指标来给出收入分布的核密度曲线，进而测算中等收入群体的比重，对于构造多指标、多维度的中产阶层的联合分布研究的较少。本书将在一维度核密度基础上，扩展到多维度核密度函数进一步测算“中产阶层”的比重，是一个创新。

第三，从多元线性回归和有序多分类 Logistic 回归两种方法对居民主观认同度的影响因素进行分析，有助于在现有多指标构建的客观中产阶层研究的背景下，重点衡量主观角度判定的中产阶层的重要性，使主客观标准相互补充，相辅相成，从而提高对中产阶层研究的深入性。此外，研究居民阶层认同度的影响因素，有助于使居民更清楚地认清自己的阶层地位，并能找出处于该阶层地位的影响因素。

第四，将函数型数据的基展开和函数型主成分分析的方法引入主要定量指标构成的边缘中产阶层的趋势变迁上，对数据的离散化进行了函数性质的分析，从而研究时间角度上收入中产阶层和消费中产阶层群体的变迁，方法值得商榷。函数型数据的分析方法所涉及的数据主要是生物、医学及工程领域，很少考虑经济领域的数据，因为经济数据具有收集过程难以控制的特点。调查获得的数据误差较大，有些金融数据是高频数据，但其“噪声”也多，因而若在经济领域中应用函数型数据的分析方法需要将方法和结果相结合来研究。在经济数据分析中，函数型数据的方法是将每个样本观测看成是一个整体来考虑，且在经济函数型数据分析中，学者们常需要找感兴趣的变量随时间推移而变化的主要变异方式，同时又想知道多少个这样的变化方式或形态可以较好地拟合原始曲线样本，即需要通过确定曲线数据的典型函数特征探讨数据变异的主要成分，主成分分析就能很好地解决这种问题，能从时间上去分析中产阶层的变迁趋势，所以把函数型数据主成分法引入中产阶层的变迁之中，可以说是一种应用的创新，结果值得商榷。

二、实证性主要研究结论

（1）中产阶层描述性统计分析的结论：宏观层面边缘中产阶层的研究结果表明，2010 年第六次人口普查资料中职业中产阶层的比重达到 12.9%，多聚集在城镇、沿海地区，专业技术人员是职业中产阶层的主力军；受教育程度在大学以上的人口比率是 8.93%；从全国收入五分组数据来看，2016 年收入中产阶层在 40%左右，城镇收入中产的比例更高，达到 60%左右，农村收入中产的比例较低，在 20%左右。

微观层面边缘中产阶层的研究结果表明，2015 年职业中产所占比例为 34.19%，专业技术人员比重最高，男性中产比重略低于女性，职业中产多分布在城镇、发达地区和欠发达地区。个人和家庭收入中产比重相差不大，大概都是 27.5%，而住房面积界定的中产阶层占据 26.16%，主观阶层认同界定的中产阶层人群占比 18.72%，消费中产阶层比重为 18.22%，受教育程度中产也达到了 18.68%。

宏观层面鉴于其研究数据的特点，界定中产阶层的数据来源于多种，且采用的数据涉及的年份较久远，无法在多指标确立的核心中产阶层上给出其现状的结论，而微观层面研究中产阶层所用的是统一口径调查的持续年份数据，其采用多个指标研究的中产阶层现状更具有合理性。因此，在综合指标界定核心中产阶层时，我们只对微观层面数据进行分析，且将指标分为个人中产阶层和家庭中产阶层两方面分别进行探讨：在个人方面，2015 年抽样调查的数据显示，同时满足个人年总收入在 36580～571781 元

(2013 年是在 25033~138459 元)，受教育程度为大学（专科）以上，主观阶层认同自身阶层 6~10 的人数仅有 322 人，比 2013 年的 445 人还少，在有效样本中，仅占 4.78%（2013 年是 4.42%），即 342 万人（2013 年是 315.96 万人）属于中产阶层。如若同时满足职业中产，比值更是缩减为 1.99%（2013 年是 1.83%），约 142.8 万人（2013 年是 131 万人）；在家庭方面，根据 2010 年综合社会调查数据（2013 年、2015 年没有存款数据），满足家庭年总收入在 47760.60~404411 元，家庭拥有住房面积在 123.36~216.45 平方米，家庭在银行的存款数额在 73833.47~958166.3 元，恩格尔系数在 0.3~0.4 的人群，在有效样本中，占比 0.7%，即 53.8 万家庭属于中产阶层。

综上所述，得到的结论是：中国由各边缘指标确立的中产阶层还是有一定规模的，但核心中产阶层的比重就很小，最多不足 2%；若比较宏观层面和微观层面数据分析中产阶层的结果，在大致相同时期内，结果是微观数据计算的边缘中产阶层的比例要大于宏观层面计算的中产阶层比重的结果，个中原因应是宏观数据调查的年份和微观数据调查的年份不同、覆盖范围不同，微观数据取得样本调查的地域性和城乡差别性等因素造成，那么宏观数据测算的核心中产阶层比重应该会更小。

(2) 中产阶层比重的测度分析结论：收入界定的中产阶层群体分布右偏，说明贫富差距明显。2014 年相较 2009 年全国家庭总收入及城镇家庭总收入的核密度曲线变化不大，农村家庭总收入核密度曲线变化趋势明显向右侧平移，右侧靠近均值的地方有加厚的趋势，说明农村收入水平提高，且农村中等收入群体人口比重略微增加。分地区来看，2014 年发达地区和较发达地区的家庭总收入核密度估计曲线均值左移，且靠近均值的中间部分相比 2009 年变窄，尤其是较发达地区更窄，说明发达地区和较发达地区整体收入水平反倒降低，且中产阶层群体比重降低，而欠发达地区 2014 年相较于 2009 年则是整体向右移动，且靠近均值两侧宽度加宽，说明欠发达地区整体收入水平增加，且中产阶层群体比重升高。本书提出的测度中产阶层比重的方法和前一章描述统计计算的结果相比相差不大，收入界定的中产阶层比重都在 25%～30%，所以，也说明此方法的可行性；消费界定的中产阶层群体密度函数略微呈现右偏分布，说明人们生活差异明显。2014 年相较 2009 年，恩格尔系数核密度曲线略微右移，顶部略微上升，说明生活水平质量下降，但差异缩小。从城乡来看，城镇恩格尔系数变化不大，农村右移明显，说明农村生活质量下降。从地区来看，发达地区宽度增加，较发达地区基本不变，欠发达地区整体右侧移动，说明发达地区生活水平质量拉大，较发达地区基本没有变化，欠发达地区人们生活水平变差。同样地，消费界定的中产阶层比重大致在 20%，和描述统计计算的结果相差不大，也说明此方法的合理性。

2014 年收入和消费共同界定的社会阶层的联合核密度曲线相较 2009 年变化很大。说明这两年的社会阶层分布差异较大。若分为城镇和农村来考虑，2014 年相较 2009 年城镇社会阶层的分布变化大，农村阶层分布变化小，且在相同的年份，城镇与全国社会阶层分布的差异要大于农村与全国社会阶层的分布差异，这说明城镇人群阶层分布要大于农村，农村人群分布更稳定，或许说明农村中产阶层人口比重要略大，农村贫富差距相对城镇减小。2014 年，发达、较发达和欠发达地区人群的分布都发生了较大的变化，其中欠发达地区变化最大，贫富差距缩小，这可能与国家对西部政策的扶持相关。综上，根据非参数方法确定的收入中产阶层和消费中产阶层的比重分别在 30%和 25%左右，由两个维度确定的半核心中产阶层群体的比重要比边缘中产阶层群体比重少很多，大致都在 10%左右，如果加入其他指标来共同衡量中产阶层的比重会更低。

（3）从居民阶层认同度现状的描述统计分析可以得出：整体的情况是我国居民阶层认同度偏低，且居民阶层认同度呈现两头小中间大的分布状态，其中，认为自己为中下层和中层的人数最多，即主观认同为中产阶层群体的人数还是比较多的，认为自己为下层或上层的人数最少；从各分类情况看，女性的阶层认同度整体比男性高，已婚的阶层认同度比未婚高，党员的阶层认同度比非党员高，住房产权对居民阶层认同影响不大，一定程度上也体现了经济地位变化对阶层认同的影响。居民阶层认同度的影响分析表明：除性别、年龄、婚姻状况和政治面貌之外，对居民阶层认同造成影响的因素包括经济地位、生活经历和制度认同。经济地位是影响居民阶层认同度的重要因素，并且社会经济地位越高，主观认同阶层也就越高；生活经历也是影响居民阶层认同度的重要因素，生活品位越高，个人主观认同的阶层越高；国家制度一样是影响居民阶层认同度的重要因素，居民的社会公平感、社会信任感、社会幸福感和公共服务满意度越高，即对国家的制度认同度越高，个人的认同阶层越高。

（4）基于宏观数据函数型数据分析中产阶层变迁的结果显示：城镇和农村分组收入增长率曲线在中间能衡量中产阶层的三组，即中下收入户组、中等收入户组和中上收入户组群体中，2003 年到 2011 年的变化趋势基本是一致的。城镇人均可支配收入增长率的变化最显著地来源于 2006 年前和 2010 年后，农村纯收入增长率近几年变化趋势都很明显，主要跟国家的一系列惠农政策有关。分组恩格尔系数变动率涉及的中间三条中产阶层曲线波动特征一致，都是周期性的先增后减，且 2012 年后有下降的趋势，说明各收入组人们的食物支出在减少，生活水平有提高。从城镇恩格尔系数波动率的修匀曲线也可看出七分组波动大致相同。农村五分组曲线比城镇七分组曲线变动剧烈，并且整体波动趋势下降。从恩格尔系数主成分偏离均值的效果图可以看出，无论是城镇还是农村都是 2006 年以前和 2010 年后导致恩格尔系数大幅变动。

（5）基于微观 CGSS 数据分析中产阶层的演变趋势结论：长期来看，2002~2014 年，我国中产阶层收入先增加后又略微减小，整体是收入增加，且中产阶层收入差距有缩小的趋势。短期来看，2002~2007 年，居民收入大致增加，中产阶层群体收入不平等减小，高收入者的增长幅度减小。2009~2014 年，收入增加，2011 年增加得尤为明显，右侧尾部变窄，说明不平等程度减小。从城镇中产阶层长期来看，收入变动不明显，中产阶层内部收入差距缩小，中产阶层中的高收入群体比重缩小。短期来看，2004~2009 年整体趋势有左移动有右移动，但 2010~2014 年整体趋势左移动，说明 2010 年后城镇中产阶层个人收入降低。农村中产阶层长期来看收入水平增加，农村中产阶层内部差距缩小。CGSS 数据显示，近年来单项指标和综合指标测算的中产阶层比重的变化近似呈现先下降后增长的模式，总体来看有比重上涨的趋势。

第二节　原因及建议

无论是描述统计的方法还是非参数核密度方法测算的我国中产阶层，虽然比重大致在增加，但规模都不大，尤其是多维度指标构建的中产阶层比例更小，与欧美等发达国家中产阶层的比重相比仍有较大差距。“扩中”的任务仍很艰巨。这需要通过夯实经济发展基础、完善财产分配制度、实施国民收入倍增等手段，多管齐下，扩大中产阶层群体的比例，带动更多国民进入中产阶层。

中国中产阶层规模小的原因：

第一，中产阶层普遍面临巨大压力。西南财经大学中国家庭金融调查与研究报告显示：2015 年，我国家庭资产均值为 87.6 万元，其中住房资产占家庭总资产的 70.1%，为 58.6 万元。中产阶层主要集中的发达地区，尤其是北、上、广等一线城市，平均房价在 4 万元人民币每平方米以上，房贷压力巨大将直接导致生活消费水平的降低，就有相当一部分高收入人群被剔除出中产阶层的队伍。类似地，对子女教育的支出也在发达地区呈现出明显增长，发达地区聚集的优秀人才和良好的教育资源无时无刻不在提醒着父母对子女教育的投入刻不容缓，而这方面的支出对很多人来说成为了生活的主要压力来源。总体来说，房贷压力以及生活高消费支出使得一部分高教育水平、高收入的优秀人才在生活品质方面达不到中产阶层的标准。

第二，中产阶层自身主观认同堪忧。中产阶层的定义在研究学者和普通老百姓之间的争议非常大。中产阶层的概念最早是从西方文化中繁衍而来的，所以对于普通群众而言中产阶层的判断标准更符合西方发达国家的生活方式。然而事实是，中国正处于特殊的发展阶段，我国中产阶层人群的判断标准与发达国家中产阶层的生活情况理应存在差异，而这种差异导致“被中产”的概念诞生。在主观认同方面的调查数据显示，只有很少一部分人认为自身处于均等偏上的层级，而按照收入、受教育程度、职业这三个维度计算，在全国人口中至少接近 20% 的人是中产阶层。这就意味着，真的中产阶层应该是对自己的价值观、生活方式、消费、品位以及为社会创造的价值存在认同感的一群人，中国社会也需要这群人引导主流的价值观和发展方向，以及未来道路的选择。中国农民占据了很大一部分人口比例，同样，制造业在三个产业中的占比巨大，这就意味着中国自身存在着相当大一部分排除在传统的中产阶层构成指标筛选条件之外的人群，尤其这部分人群仅仅依靠社会的发展是很难跻身中产阶层队伍的。

中产阶层在中国应该有更符合中国国情的判断标准，如果说研究中产阶层的主要目的是让中国社会朝着一个橄榄形结构发展，中间收入群体或者说小康阶层就更容易在中国实现，即仅从收入、生活水平和社会地位筛选中间收入群体时，中国就能够发展出很大一部分符合要求的中间群体维持社会结构的稳定。不可否认的是，传统意义上的中产阶层能够在社会的各方面发挥更大的作用，其倡导的生活方式及价值观，对先进科学技术的认同和追逐，又保留着传统文化素养，成为现代社会的价值导向。在传统中产阶层的判断指标之上融合中国国情应当成为扩大中国当代中产阶层群体，稳定社会结构的主要研究方向。有以下两点建议：

第一，构建公平稳定、全面发展的市场环境，以增加欠发达地区居民收入为目的调整欠发达地区的产业结构，同时优化农村教育资源，推进农村教育普及工作。

劳动力市场公平意味着劳动者获得的收入相符于其教育水平和职业地位。因此，优化教育资源，通过高素质教育孵化更多高素质人才，针对制造业技术工人和新型职业农业人群，增强专业知识提高和主要技能培训，鼓励就业，推动产业结构与职业结构合作共赢的完善的现代化体系，成为在广大农村地区和欠发达地区增加中产阶层数量，致力于稳定社会结构的主要方向。在此基础上，通过精准扶贫、转移支付、产业政策等一系列手段，进一步推动城镇化，并调整产业结构，提高生产效率，提高公共基础设施服务水平，达到就近城镇化的目的。这将有效提升农村居民、第一产业劳动者的收入情况，同时吸引高技术人才，形成良性循环。以发展的眼光看待农民工通过自主经营进入中产阶层，应该遵循市场规律，面对并接受发展中阶段的客观事实，认识到包括批发零售业、小生意人、自主经营者在内的广大小微个体户，是中国中产阶层的重要来源，能够发展成为中产阶层有力的储备军。

第二，控制发达地区房价增长，整体压低发达地区居民生活消费支出，同时政府和企业适度让利于居民，普遍提高居民收入。

发达地区本就拥有更加完善的社会资源储备和建设，高素质人群和优秀人才资源普遍集中在发达地区，职业中产阶层也更多地出现在发达地区，发达地区居民普遍在职业、收入、社会地位、受教育程度等方面满足中产阶层指标定义，而发达地区普遍具有的高生活成本特性使得这一部分人群在家庭财产的积累以及生活品质方面不尽如人意，最终被剔除出中产阶层的队伍。那么，致力于减轻发达地区的生活负担，让发达地区居民在高收入的基础上减少生活必要支出，降低生活成本成为扩大中产阶层人群数量的有效途径。

总之，社会经济单方面发展并不能决定一个以中产阶层为主体的社会构成结构的形成，更需要公平合理的资源分配制度。在社会基础建设资源、教育资源公平分配的基础上，劳动力市场也要尽可能地优化高素质人才地区分配，在支援欠发达地区经济建设的同时减轻发达地区生活压力，形成良性循环，最终实现全社会的中产阶层人群共同发展壮大，形成以中产阶层为主体的社会结构。

第三节 展望

研究至此，本书已对中国中产阶层的统计分析进行了初步的探讨，随着研究的深入，发现还有许多问题亟待解决，可以从以下几个方面展开后续的研究工作。

第一，构建中产阶层的指标体系是一大难点。中产阶层从最开始用单一的职业、收入、财产等指标来衡量到职业、收入、消费、受教育程度、主观阶层认同度等多指标综合来衡量，发展了几十年，衡量指标是否要有新的改变，新的指标体系是否能够将定性和定量指标融合一起来定量分析中产阶层是今后要进一步研究的课题。

第二，本书提出的现代非参数统计方法中的联合核密度函数并结合数值积分测算中产阶层的比重是从多维度角度测度的，而且构建多维度测算中产阶层的比重同时有实证分析的结果是本书的初衷，但鉴于高维度空间理论和模拟的抽象化、复杂性、数据的可取得性、指标的相关性及时间的统一性等原因，实证部分仅以一维度和二维度核密度函数为例，如何将定性指标融入定量指标之中共同测算中产阶层的比重及找到多维度指标的数据进行比重的测算都是需要进一步研究的课题。

第三，首次把函数型数据分析方法引入收入和消费界定的中产阶层的变迁分析中，方法还值得商榷。

第四，本书分析使用的数据来源和核算口径还有一定的局限性，后续会努力积累一套全面的、最新的、准确的，能综合量化所有定性和定量指标来研究中产阶层的数据，提高信息挖掘量。

参考文献

[1] Andoria Cristina Ioniţă, Valentina Vasile. To be or not to be middle class in Romania [J]. Procedia Economics and Finance, 2015 (32): 914-922.

[2] A Shilton, M Palaniswami, S Challa. Distributed data fusion using support vector machines [J]. International Conference on Inference on Information Fusion, 2013, 2 (6): 881-885.

[3] Aziz J, C Duenwald. China's provincial growth dynamics [C]. IMF Working Paper, 2001 (1): 3.

[4] B J Berry. Island of renewal in seas of decay [M]//The New Urban Reality. Washington, DC: Brookings Institution, 1985.

[5] Blackburn M, Bloom D. What is happening to the middle class? [J]. American Demographics, 1985, 7 (1): 19-25.

[6] Bourguignon F, C Morrison. Inequality among world citizens: 1820~1992 [J]. American Economic Review, 2002 (92): 727-744.

[7] Belkacem Abdous. Pointwise improbement of multibariate kenel density estimates [J]. Journal Multivariate Analysis, 1998 (65): 109-128.

[8] Centers R. The psychology of social classes: A study of class consciousness [M]. New Jersey: Princeton University Press, 1949.

[9] Duncan O D. A socioeconomic index for all occupations and properties and characteristics of the socioeconomic index [M]. Occupations and Social Status, Glencoe: Free Press, 1961: 109-161.

[10] Edwards A B. Comparative occupational statistics for the U. S. , 16th

Census [M]. Washington D. C. : Government Printing Office, 1943.

[11] G R Ribeiro, F Magrinyà, D R Orrico Filho. Study of the changes in urban mobility of the brazilian middle class, Brought about by the population's increased income, and the ensuing impact on urban mass transit [J]. Procedia-Social and Behavioral Sciences, 2014, 160 (19): 294-303.

[12] Ioan Mărginean. Estimation of middle class size in Romania [J]. Procedia Economics and Finance, 2015 (22): 787-793.

[13] Joseph G E. An economic definition of the middle class [J]. Association for Social Economics, 2008, 37 (2): 103-113.

[14] James E Foster, Michael C Wolfson. Polarization and the decline of the middle class: Canada and the U. S. [J]. Journal of Economic Inequal, 2014 (12): 435-437.

[15] Jones C. On the evolution of the world income distribution [J]. Journal of Economic Perspectives, 1997, 11 (3): 19-36.

[16] J K Hoffman. Post-release survival and movenments of translocated pronghorn in Trans-Pecos, Texas [J]. Dissertations & Theses-Gradworks, 2015, 21 (73): 79-83.

[17] Jacqueline Elfick. Class formation and consumption among middle-class professionals in shenzhen [J]. Journal of Current Chinese Affairs, 2011, 40 (1): 187-201.

[18] Joseph Deutsch, Jacques Silber, Gaston Yalonetzky. On bi-polarization and the middle class in latin a merica: A look at the first decade of the twenty-first century [J]. The Review of Income and Wealth, 2014, 7 (60): 87-90.

[19] Kumar S, R Russell. Technological change, Technological catch-up and capital deepening: Relative contributions to growth and convergence [J]. American Economic Review, 2002 (92): 527-548.

[20] Mariam Shahzadi, Muhammad Faraz Riaz, Sofia Anwar, Samia

Nasreen. How unequal is thesize of middle class in the rural urban areas of Punjab province [J]. International Journal of Social Economics, 2017, 44 (2): 1-22.

[21] Mehmet Mithat Uner, Aybegum Gungordu. The new middle class in Turkey: A qualitative study in a dynamic economy [J]. International Business Review, 2016, 25 (3): 668-678.

[22] North C C, Hatt P K. Jobs and occupations: A popular evaluation [J]. Public Opinion News, 1947 (9): 101-105.

[23] Quah D. Galton's fallacy and convergence in models of distribution dynamics [J]. Scandinavian Journal of Economics, 1993 (95): 427-443.

[24] Quah D. Twin peaks: Growth and convergence in models of distribution dynamics [J]. The Economic Journal, 1996 (106): 1045-1055.

[25] Quah D. One-third of the world's growth and inequality [J]. Mimeo London School of Economics, 2002.

[26] Quah D. Empirical for growth and distribution: Stratification, polarization, and convergence club [J]. Journal of Economic Growth, 2002 (2): 27-59.

[27] Ronelle Burger, Cindy Lee Steenekamp, Servaas van der Berg, Asmus Zoch. The emergent middle class in contemporary South Africa: Examining and comparing rival approaches [J]. Development Southern Africa, 2015, 32 (1): 25-40.

[28] Ramsay J O, Silverman B W. Functional data analysis (2nd Edition) [M]. New York: Springer, 2005.

[29] Roberto Z, Maria G P. Empirical evidence of income dynamics across EU regions [J]. Journal of Applied Econometrics, 2006, 21 (5): 605-628.

[30] Riccardo Massari, Maria Grazia Pittau, Roberto Zelli. A dwindling middle class? Italian evidence in the 2000s [J]. Journal of Economic Inequal, 2009 (7): 333-350.

［31］Sala-i-Martin X. The world distribution of income［J］. Quarterly Journal of Economics, 2006 (121): 351-397.

［32］Stephen P Jenkins. Did the middle class shrink during the 1980s? U. K. evidence from kernel density estimates［J］. Economics Letters, 1995 (49): 407-413.

［33］Silverman B W. Density estimation for statistics and data analysis［M］. London: Chapman & Hall, 1986.

［34］Sha L, Schonfeld D, Sethi A. Color normalization of histology slides using graph regularized sparse NMF［C］. Spie Medical Imaging, 2017.

［35］Steven Pressman. Defining and measuring the middle class［Z］. American Institute for Economic Research, ECINEQ Working Paper, 2015 (8).

［36］Tendai Chikweche, Richard Fletcher. "Rise of the middle of the pyramid in Africa": Theoretical and practical realities for understanding middle class consumer purchase decision making［J］. Journal of Consumer Marketing, 2014, 31 (1): 27-38.

［37］Thurow L C. The disappearance of the middle class?［N］. New York Times, 1984-02-05 (3).

［38］Warner W. L. Yankee city a bridged［M］. New Haven Conn: Yale University Press, 1963.

［39］Xiang Z, Qun-Ying W U. Consistence r-th mean of density kernal estimators for a mixing sequences［J］. Journal of Huaqiao University, 2013, 34 (4).

［40］Zhang Yuan, Guanghua Wan, Niny Khor. The rise of middle class in rural China［J］. China Agricultural Economic Review, 2012, 4 (1): 36-51.

［41］阿·列佩欣弗．当今俄罗斯的阶层划分与新中产阶级［J］．社会科学与当代，1998（4）：179.

［42］埃里克·欧林·赖特．阶级［M］．刘磊，吕梁山译．北京：高等教育出版社，2006.

［43］边燕杰．关于中产阶层的各种定义和指标体系［J］．人民论坛，2016（6）：70.

［44］边燕杰，李春玲，李路路，张夏梦．中国中产阶层究竟如何界定——关于中产阶层的各种定义和指标体系［J］．人民论坛，2016（4）：69-71.

［45］蔡静诚．对中国中产阶层的初步研究［D］．武汉：武汉大学，2005.

［46］陈序．社会变迁影响下的中国中产阶层划分标准［J］．商贸纵横，2011（2）：57.

［47］陈义平．分化与组合——中国中产阶层研究［M］．广州：广东人民出版社，2005.

［48］陈云．居民收入分布及其变迁的统计研究［D］．北京：首都经济贸易大学，2009.

［49］戴维·格伦斯社会分层（第二版）［M］．北京：华夏出版社，2005.

［50］董汉松．“中产阶层”再界定［J］．新学术，2007（3）：49-50.

［51］贺雪峰．中国是倒丁字型社会结构吗［J］．学术界，2017（3）：123-131.

［52］宏观经济研究院经济和社会发展研究所课题组．中等收入者的概念和划分标准［J］．宏观经济研究，2004（5）：53-55.

［53］胡蓓蓓，宗刚．非参数核密度估计在异方差模型中的应用［J］．数量经济技术经济研究，2014（10）：151-161.

［54］黄恒君．收入不平等变迁特征的探索性分析［J］．统计与信息论坛，2012（10）：25-59.

［55］黄恒君，刘黎明．一种收入分布函数序列的拟合方法及扩展应用［J］．统计与信息论坛，2011（12）：27-30.

［56］黄兴星．中国中产阶层演变及社会作用［J］．商，2016（29）：35-36.

[57] 纪宏，陈云．我国中等收入者比重及其变动的测度研究 [J]．经济学动态，2009 (6)：11-16.

[58] 李春玲．中等收入群体的构成特征与新时代“精准扩中”策略 [J]．统一战线学研究，2018 (1)：27-32.

[59] 李春玲．中等收入群体的增长趋势与构成变化 [J]．北京工业大学学报（社会科学版），2018 (2)：1-7.

[60] 李春玲．中国当代中产阶层的构成及比例 [J]．中国人口科学，2003 (6)：25-32.

[61] 李春玲．中国中产阶层成长中的烦恼与压力 [J]．人民论坛，2016 (27)：64-67.

[62] 李春玲．中国特色的中等收入群体概念界定——绝对标准模式与相对标准模式之比较 [J]．河北学刊，2017 (2)：154-162.

[63] 李春玲．准确划分中国中产阶层需要多元指标 [J]．人民论坛，2016 (6)：71-72.

[64] 李国平，陈晓玲．中国省区经济增长空间分布动态 [J]．地理学报，2007 (10)：1051-1062.

[65] 李路路，李升．“殊途异类”：当代中国城镇中产阶级的类型化分析 [J]．社会学研究，2007 (6)：15-38.

[66] 李路路．中产阶层不等于中等收入阶层 [J]．人民论坛，2016 (6)：73.

[67] 李培林，张翼．中国中产阶级的规模、认同和社会态度 [J]．社会，2008 (2)：10-19.

[68] 李培林．中国当代中产阶层的构成及比例 [J]．国际经济评论，2015 (1)：29-47.

[69] 李强，艳霞．我国中产阶层发展滞后的现状、原因与对策 [J]．中国人民大学学报，2017 (3)：110-114.

[70] 李强．“被中产”——中国中产阶层的规模与结构 [J]．文化纵横，2017 (3)：17.

［71］李强．我国中产阶层的规模、结构问题与发展对策［J］．社会，2017（3）：163-179.

［72］李强．中产过渡层与中产边缘层［J］．江苏社会科学，2017（2）：1-11.

［73］李强．我国正在形成“土字型社会结构”［N］．北京日报，2015-05-25（18）.

［74］李升．主客观阶层位置与社会政治态度研究——兼论中国中产阶层的“稳定器”功能［J］．社会发展研究，2017，4（2）：73-88.

［75］梁晓青．转型期城市中产阶层焦虑对其消费行为的影响［J］．西安交通大学学报（社会科学版），2018（2）：84-91.

［76］刘长江．“中产阶级”研究——疑问与探源［J］．社会，2006（4）：44-45.

［77］刘金源．巴西社会两极分化问题及其成因分析［J］．拉丁美洲研究，2002（4）：23.

［78］刘欣．中国城市的阶层结构与中产阶层的定位［J］．社会学研究，2008（4）：10-14.

［79］柳新元，赵竹茵．关于中国中产阶级定义的思考［J］．学术论坛，2005（1）：66-70.

［80］龙莹．中等收入群体比重的测算及比较分析——基于北京城镇居民住户调查微观数据［J］．云南财经大学学报，2012（5）：145-151.

［81］龙玉琴．中产规模被低估——股灾对中国家庭无大影响［N］．南方都市报，2015-10-16（1）.

［82］陆学艺．当代中国社会阶层研究报告［M］．北京：社会科学文献出版社，2005：252-254.

［83］陆学艺．中国社会阶级阶层结构变迁 60 年［J］．北京工业大学学报（社会科学版），2010（3）：54.

［84］罗楚亮．居民收入分布的极化［J］．中国人口科学，2010（6）：49-60.

［85］马克斯·韦伯．经济与社会（下卷）［M］．林荣远译．北京：商务印书馆，1997．

［86］布·罗贝．美国人民：从人口学角度看美国社会［M］．董天民，韩宝成译．北京：国际文化出版公司，1988.

［87］穆月英，崔燕，曾玉珍．我国城乡居民收入差距成因和收敛趋势分析［J］．经济问题，2010（7）：84-87.

［88］涂尔干．社会分工论［M］．上海：上海三联书店，2000.

［89］彭张林，张爱萍，王素凤，白羽．综合评价指标的设计原则与构建流程［J］．科研管理，2017（2）：210-211.

［90］钱乘旦，陈小律，陈祖洲，潘兴明．日落斜阳：世纪英国［M］．上海：华东师范大学出版社，1999.

［91］乾羽．“忽然中产”背后的忧虑［EB/OL］．［2010-02-03］．stock. hexun. com/2010-02-03/122580233. html.

［92］任强．中国当代社会阶层分析：认识社会结构和社会不平等应同时把握阶级分析和阶层分析两个视角［J］．赤子（上中旬），2015（4）：112.

［93］阮敬，丁琳，纪宏．收入分布视角下的收入分配研究［J］．数理统计与管理，2018（1）：104-121.

［94］宋建．中国中等收入阶层与居民消费研究［D］．济南：山东大学，2015.

［95］宋建．中国中等收入阶层比例变化及扩大措施［J］．山东大学学报（哲学社会科学版），2015（2）：79-93.

［96］斯基曼奇．阶级结构［M］．北京：人民出版社，1983.

［97］苏本跃，陈晓慧，童星慧，王广军．两类函数型数据主成分分析方法及其应用［J］．统计与决策，2015（17）：24-28.

［98］宋长海．城市休闲区运行模式评价指标体系构建与运用［J］．统计与决策，2017（20）：88-89.

［99］苏海南．努力扩大我国的中等收入者比重［J］．宏观经济研究，

2003（4）：12-14.

［100］孙晓祥，杜宇静．金融问题中二元损失函数的核密度估计［J］．北华大学学报（自然科学版），2006（4）：300-304.

［101］万定山．中国城市居民收入分布的变化：1988~1999 年［J］．经济学（季刊），2005（10）：45-66.

［102］王建平．中产阶级：概念的界定及其边界［J］．学术论坛，2005（1）：28-29.

［103］王开玉，方金友．中国中等收入者研究［M］．北京：社会科学文献出版社，2006.

［104］王薇．我国中等收入群体现状及其变动的测度与研究［J］．统计与决策，2009（9）：89-91.

［105］加雷斯·詹姆斯，丹妮拉·威腾，特雷弗·哈斯帖，罗伯特·提布施瓦尼．统计学习导论基于 R 应用［M］．王星译．机械工业出版社，2015.

［106］魏爽．中外学者关于中产阶层概念研究综述［J］．理论研究，2013（4）：222-223.

［107］吴鹏，常远．中等收入群体的测算与现状研究［J］．社会科学研究，2018（2）：72-82.

［108］吴振华．“橄榄型”收入分配格局构建——以辽宁省为例［J］．商业经济研究，2015（6）：45-46.

［109］肖文涛．中国中间阶层的现状与未来发展［J］．社会学研究，2001（3）：76-77.

［110］萧新煌．变迁中台湾社会的中产阶级［M］．台北：巨流图书公司，1989.

［111］徐现祥，舒元．中国省区经济增长分布的演进（1978~1998）［J］．经济学（季刊），2004（4）：620-638.

［112］徐现祥，王海港．我国初次分配中的两极分化及成因［J］．经济研究，2008（2）：106-118.

［113］薛留根．现代非参数统计［M］．北京：科学出版社，2016.

［114］C. 赖特·米尔斯．白领——美国的中产阶级［M］．杨小东译．杭州：浙江人民出版社，1987：85.

［115］严明义．函数型数据的分析方法与经济应用［M］．北京：中国财政经济出版社，2014：75-92.

［116］杨宜勇．关于瑞典和德国中产阶级的调查报告［J］．北方经济，2004（4）：22-23.

［117］余增威．当前我国中产阶层规模变化探析［D］．成都：四川省社会科学院，2014.

［118］张宛丽．对现阶段中国中间阶层的初步研究［J］．江苏社会科学，2002（4）：45-55.

［119］赵竹茵．中国中产阶级发展问题研究［D］．武汉：武汉大学，2014.

［120］中共中央马克思恩格斯列宁斯大林著作编译局．马克思恩格斯全集［M］．北京：人民出版社，1973.

［121］钟茂初，宋树仁，许海平．中产阶层的定量界定与中国收入分配格局的演变趋势［J］．未来与发展，2010（2）：19-22.

［122］周浩，邹薇．中国城市居民收入的分布动态研究：1995~2004年［J］．财贸经济，2008（10）：16-22.

［123］周晓虹．中国中产阶层调查［M］．北京：社会科学文献出版社，2005.

［124］朱长存．城镇中等收入群体测度与分解——基于非参数估计的收入分布方法［J］．云南财经大学学报，2012（2）：63-69.